人命如何定價

從法律、商業、保險、醫療、政策、生育等切面，
探究社會為人命貼上價格標籤的迷思、缺陷與不正義

THE VALUE WE PLACE ON LIFE

ULTIMATE PRICE

HOWARD STEVEN FRIEDMAN
霍華德・史蒂文・弗里德曼——著

洪慧芳——譯

臉譜書房 FS0135

人命如何定價

從法律、商業、保險、醫療、政策、生育等切面，探究社會為人命貼上價格標籤的迷思、缺陷與不正義
ULTIMATE PRICE: THE VALUE WE PLACE ON LIFE

作　　者　霍華德·史蒂文·弗里德曼（Howard Steven Friedman）
譯　　者　洪慧芳
編輯總監　劉麗真
責任編輯　謝至平
行銷企畫　陳彩玉、楊凱雯、陳紫晴
封面設計　Bert Design

發 行 人　凃玉雲
總 經 理　陳逸瑛
出　　版　臉譜出版
城邦文化事業股份有限公司
台北市民生東路二段141號5樓
電話：886-2-25007696 傳真：886-2-25001952
發　　行　英屬蓋曼群島商家庭傳媒股份有限公司城邦分公司
台北市中山區民生東路二段141號11樓
讀者服務專線：02-25007718；25007719
24小時傳真專線：02-25001990；25001991
服務時間：週一至週五09:30-12:00；13:30-17:00
劃撥帳號：19863813 戶名：書虫股份有限公司
讀者服務信箱：service@readingclub.com.tw
城邦網址：http://www.cite.com.tw
香港發行所　城邦（香港）出版集團有限公司
香港灣仔駱克道193號東超商業中心1樓
電話：852-25086231或25086217 傳真：852-25789337
馬新發行所　城邦（馬新）出版集團
Cite（M）Sdn. Bhd.（458372U）
41-3, Jalan Radin Anum, Bandar Baru Sri Petaling,
57000 Kuala Lumpur, Malaysia.
電話：+6(03)-90563833 傳真：+6(03)-90576622
讀者服務信箱：services@cite.my

一版一刷　2021年10月

城邦讀書花園
www.cite.com.tw

ISBN 978-626-315-007-2

售價：NT$ 420
（本書如有缺頁、破損、倒裝，請寄回更換）

國家圖書館出版品預行編目資料

人命如何定價：當代頂尖統計學家及衛生經濟學家，從法律、商業、保險、醫療、政策、生育等切面，探究社會為人命貼上價格標籤的迷思、缺陷與不正義／霍華德·史蒂文·弗里德曼（Howard Steven Friedman）著；洪慧芳譯. -- 一版. -- 臺北市：臉譜，城邦文化出版；家庭傳媒城邦分公司發行, 2021.10
面；　公分. --（臉譜書房；FS0135）
譯自：Ultimate price : the value we place on life
ISBN 978-626-315-007-2（平裝）
1.社會價值　2.社會倫理　3.平等
540.23　　110012256

目次

謹獻給 Junior，

現在輪到你讓世界變得更美好了。

第一章　要錢、還是要命？

一位癌症患者想接受最新的化療，但因每月療程的費用逾三萬美元，其醫療保險無法給付。患者究竟是諾貝爾獎得主、還是殺人犯，是富有的執行長、還是高中輟學生，會影響醫療決策嗎？

兩起謀殺案，兩名嫌犯都遭到定罪。其中一起案子的受害者是富有的中年婦女，育有三子；另一位受害者是貧窮的非法移民少年。兩位殺人犯的刑罰應該一樣嗎？

飲用水中可接受的砷含量，是看更嚴格的規定能拯救的生命有多少價值而定。政府專家的任務是算出這個價值，但是為生命貼上價碼不單只是技術專家的責任。很多人都做過評估生命價值的決定，例如壽險的承辦人問你：「萬一你明天死了，你的家庭需要多少錢？」

做羊膜穿刺的孕婦都知道，測試結果可能影響接下來的決定：究竟要繼續懷孕，還是墮胎？或者，想像你看到一個小男孩走進車流中，你會不會衝向馬路去救他，這個決定反映了你為他的生命和你的生命所賦予的相對價值。

上述每個例子都探討了一個看似簡單的問題：「一條人命有多少價值？」這個問題乍看之下很簡單，卻充滿了誤導。我說它誤導，是因為很多人覺得他們無法說出他們為了拯救陌生人、朋友、愛人或孩子的生命，願意付多少錢；他們甚至不知道為了拯救自己的生命，願意付多少錢。[1] 這個答案之所以複雜，是因為我們賦予生命的價碼，主要是看個人的優先要務而定。這些價碼是我們定義「公平」的標誌，受到經濟、倫理、宗教、人權、法律的影響。社會的價值觀反映在定價方法上，也反映在價格上。

衡量生命價值的方法，取決於成本計算的目的、成本究竟代表什麼，以及成本計算的觀點。一個人估計他意外死亡時，需要多少錢來取代其收入；政府評估應該計算多少條人命的價值，以防止增加的環境風險；一家公司評估應該花多少錢來改善產品或勞工安全——這三者各有不同的目的與觀點。目的與觀點的不同，使他們採用不同的計算方法，也因此算出不同的價碼。

這本書是用廣泛的例子來說明幾個重點：(1)人命通常是有價碼的；(2)這些價碼對我們的生活有重大的影響；(3)這些價碼往往不透明，也不公平；(4)這種不公平非常重要，因為價值遭到低估的生命無法獲得足夠的保護，因此面臨更大的風險。

許多人終其一生都沒意識到自己的身上一直貼著各種價碼。我們通常沒想到，許多重要的人生決定受到生命價值的影響。這些價值幾乎影響到我們生存的各方面——舉凡我們呼吸的空氣、吃的食物、賺的錢，無一不受影響。它們在日常生活中影響著我們如何運用時間與金錢，也驅動著政治決策（例如究竟要發動戰爭、還是尋求和平的解決方案）、刑事處罰與民事裁決、個人決定（從壽險到醫療，從教育到墮胎）。它們影響的決策幾乎涵蓋生命的各方面，從創造新生命到延遲無可避免的死亡。這些價碼從我們出生的那一刻起，就一直影響我們。在我們死後，我們為自己的生命所貼上的價碼，也會影響家人與後代子孫。

我們賦予人命的「價碼」（price tag）與「價值」（value），究竟是什麼意思？價碼是指一個東西值多少錢。[2]我們通常不會想到人命也有價碼，但這本書的目的就是要說明，我們常為人命賦予「數字價格」。我們將逐一來看經濟學家、金融分析師、監管機關、統計學家如何為人命貼上價碼，同時探究這些方法的關鍵假設與局限性。

生命的「價值」則是一個比「價碼」更廣泛的議題。價值可以是指貨幣價格，但價值也可以指「某物的重要性、意義或實用性」或「一個人覺得生活中什麼東西很重要」。[3]這些更廣泛的價值概念，反映在我們個人及整個社會所做出的決定上。這本書將在這些價值概念之間穿梭，時而談「金錢」價格，時而談用來表達重要性的「非金錢」價值。

探索生命的價值時，需要先確定探索的範圍。一個極端是對人命的創造與喪失（「生」與「死」）賦予價值。這包括個人採取的行動，以及社會對不同生命的相對價值所做的決定。從這個極端往另一個方向移動，下一個衡量的是「健康」的價值，健康是決定生活品質的關鍵要素。再下一個衡量的是「時間」的價值，亦即個人對時間運用的決定。

關於生命殞落的金錢價值，例子包括：為九一一罹難者的家屬所提供的賠償、意外死亡民事訴訟中的經濟賠償、為救命藥物設定的支出限制、實施更嚴格法規以挽救生命能帶來的經濟利益。在個人層面上，生命的價碼包括生兒育女的成本、購買壽險的決定。生死的非金錢價值則是體現在法律判決中，例如對謀殺及車禍致死的懲罰。

我們從一些死亡所引發的關注與行動，可以看到社會如何評估生命的相對價值，例如富有的歌手或著名的政治家過世，相對於一無所有的遊民死亡。墮胎的法律問題，以及你願意為誰犧牲性命之類的個人決定，也屬於對生命相對價值的討論。

相較於生命的價值，評估生活品質的價值並沒有比較容易。關於生活品質的金錢例子包括：對九一一恐攻受傷者的賠償、對受傷或疏忽造成的殘疾所做的民事判決、冤獄的經濟補償、新規定使病患減少所產生的經濟效益。

最後，是我們選擇如何運用時間的決定。在個人決策中考慮生命價值的例子包括：就業選擇的取捨、生活方式的選擇。

這些價碼不僅幾乎隨處可見，而且往往無可避免。醫療決策通常是根據獲利演算法及患者負擔能力所做的評估。對保險公司來說，這種治療划算嗎？患者有能力自掏腰包給付嗎？這裡必須瞭解一個基本的事實：任何醫療保健系統都無法在不考慮醫療成本及預期效益下運作。

同樣的道理也適用在父母身上。如果不考慮生兒育女的成本，父母可能無法有足夠的收入應付生活的基本必需。在這種成本效益的分析中，價碼是明確的。然而，在有些情況下，價碼是隱晦的，需要深入探索才能找到潛在的假設。菲利普莫里斯（Phillip Morris）的致癌香菸、通用汽車（General Motors）的故障煞車器、美國聯合碳化物（Union Carbide）在印度波帕爾的化學品存放槽所造成的死亡，都有其對應的價碼。[4] 在公共部門，無論是經濟上、還是技術上，都不可能做到完全杜絕污染物。主管機關必須針對每種毒素設定一個可接受的水準，那個水準取決於實施規定的成本有多高、可預防的死亡人數有多少、死亡可能何時發生，以及每條人命的金錢價值。如果不考慮環保法規的效益，企業可能受損害，大眾獲益也寥寥無幾。

雖然生命常貼上價碼，但很少人知道這些價碼是怎麼算出來的。經濟學家、監管機關、商業分析師、醫療保健與保險公司用來決定這些價值的方法，往往掩蓋在技術與法律術語的底下。這些評價方法與價碼反映了整個社會的優先順位、核心價值觀，以及我們定義的公正。這本書將帶你瞭解這些評價方法及其意涵。

深入研究這些算式後，大家很快就會發現，這些價碼有時並不公平。然而，它們卻影響著我們的經濟、法律、行為與政策。這些價碼參雜了性別、種族、國家、文化的偏見，往往使年輕人的命比老年人貴重，使富人的命比窮人貴重，使白人的命比黑人貴重，使美國人的命比外國人貴重，使親人的命比陌生人貴重。九一一罹難者賠償基金付給一些罹難者家屬二十五萬美元，但有些人獲得的賠償是七百多萬美元，幾乎是前者的三十倍。[5]不久前，美國環保署提議，把老人性命的價值視為年輕人性命的一小部分比例。[6]司法系統一再顯示，罰則輕重主要是看受害者的背景與身分而定。

這本書將帶大家了解生命評價的許多面向。討論會從純粹的金錢估算開始——亦即價碼；接著，談到同時涉及「金錢」考量及「非金錢」考量（反映價值）的領域；最後談到反映生命相對價值的主題。

這不是一本有關哲學、神學、司法理論、經濟意識形態或政策處方的書，而是為了說明多種衡量生命價值的方式。剔除術語之後，大家就可以輕易了解衡量生命價值的方法。更重要的是，由於這些價碼對每個人的生活都很重要，討論生命的評價不該是一小群技術專家的專利。我們必須了解這些評價方法，否則生命的價值很容易遭到低估，因此得不到足夠的保護。

忽視生命價值的衡量方式，容易使我們的健康、安危、法律權利、家人暴露在危險中，最終連我們自己的生命都有風險。唯有補充知識及提高警覺，才能確保所有的生命都獲得公平又充分的保護。

第二章　世貿大樓倒塌時

二〇〇一年九月十一日。這個日期一出現，每個美國人的腦海中都會瞬間浮現畫面：火焰從世貿雙子星大樓竄出；一架飛機撞上五角大樓；美國聯航93號班機的乘客最後吶喊的口號：「我們上吧！」（let's roll）*；雙子星大樓倒塌，掀起大量的塵土、灰燼與殘礫。

當天有近三千人喪生，那是美國國土上最慘烈的恐攻事件，世界各地有數百萬人受到影響。全球幾乎所有的國家都表示，他們與美國站在同一陣線。平民百姓的驚人傷亡及大規模破壞的衝擊跨越了國界，彌合了敵對競爭。在恐怖分子如此囂張的世界裡，任何平和的社會都無法安享平靜，任何政府都無法坐視這種野蠻的犯罪行為。美國在社會、黨派、宗教、種族、民族的分界上，短暫地團結了起來。所有人都同意，我們應該確保美國的安全；正義終將獲勝；我們應該為罹難者伸張正義，為罹難者的家屬與朋友伸張正義，為美國伸張正義，讓恐怖分子及教唆他們犯罪的人付出代價。

九一一恐攻事件的罹難者死得慘烈，數百人在飛機撞擊後立即死亡，其他人受困在五角大樓或雙子星的南北兩塔，要不是死於濃煙窒息，就是在大樓倒塌時粉身碎骨。勇敢的警消和其他英雄在營救受困人員時，犧牲了生命。對罹難者的家屬來說，死因已無關緊要。

九一一那天，生命的突然消失，給死者的父母、子女、親友留下了永久與日常的失落。餐桌邊空蕩蕩的座位，家庭團聚時消失的歡笑，再也無法慶祝的生日與週年紀念日，都成了永遠無法癒合的情感傷疤。

但傷害不僅止於情感，罹難者生前一直努力為自己及家人創造未來，他們的消失造成了直接又具體的損失。九一一罹難者的家屬不僅失去了親人，也失去了經濟與生活支柱，以後再也沒有人幫他們支付帳單、繳學費、照顧孩子與父母、為退休儲蓄了。在金錢的現實世界裡，家屬的損失不僅是情感上的，也是金錢上的。

我們從四個虛構的罹難者例子，可以更清楚地了解失去這些生命的影響：瑞克、吉姆、艾妮塔、薩貝斯汀**。

瑞克是第三代的義裔美國人，在紐約市的史泰登島（Staten Island）長大。他與哥哥都是天生的運動好手，是高中棒球隊裡的風雲人物，兩人都是柔道黑帶。瑞克是經驗豐富的消防員，九一一那天他接到緊急召集令時正在休假。他馬上趕到消防隊，跳上一

*編按：聯航93號班機遭恐怖分子劫持後，乘客集體反抗，最終成功阻止恐怖分子攻擊國會大廈，墜落於賓州。此句口號為其中一名乘客與外界通聯時，在電話中喊出的最後一句話。

**作者註：書中出現的人物皆為虛構，是為了說明而設計。如與真人雷同，純屬巧合。

輛開往曼哈頓下城的消防車。他的未婚妻蘇西才剛發出喜帖，他們打算十二月在墨西哥的度假勝地坎昆（Cancun）舉行婚禮。瑞克與兄弟正在幫父母改建浴室，做為他們結婚四十週年的禮物。

父親向來對吉姆抱持很高的期望。吉姆憑著努力、天賦與一些運氣，開創出符合父親期望的卓越事業。有人聽說他有達特茅斯大學的MBA學位，曾在高盛實習，又是目前任職那家投資公司中僅有的兩名黑人合夥人之一時，常在背後說閒話，說那些成就是靠「平權行動」（affirmative action）的保障名額得到的。吉姆努力證明那些閒言閒語都是錯的，而且他也更努力工作，以確保兩個女兒都就讀最好的預備學校，學鋼琴，夏天去馬丁尼克島（Martinique）的別墅度假時學插花。四十八歲時，吉姆已經從七位數的紅利獎金中撥出足夠的錢，來支付女兒就讀私立學校、請家教、上大學的費用。根據他的遺囑，他把邁阿密的公寓留給小女兒，把馬丁尼克島的別墅留給大女兒，妻子則是繼承他們一家四口目前在布魯克林高地（Brooklyn Heights）住的高級住宅。

六年前，艾妮塔拿學生簽證從印尼來到美國。父母的計畫是讓她在哥倫比亞大學拿到大學學位，嫁給醫生，在紐澤西買一棟體面的房子，生三個孩子，他們再搬到美國來幫她帶孩子。但艾妮塔來到美國後迷上了甜點烘焙，常在紐約的西村（West Village）流連忘返，也愛上了她的美國室友艾胥麗。大二時，她從哥倫比亞大學輟學，開始在雙子星大樓北塔內的一家餐廳做兼職的服務生，閃避企業高階主管對她展開的熱烈追求，週末到國際廚藝學院（International Culinary Center）接受培訓。艾妮塔打算從廚藝學院畢業後，到艾胥麗的家鄉匹茲堡開一家名為「雙艾精品蛋糕店」（A&A's Specialty Cakes）的烘焙坊。

薩貝斯汀是個可愛的六歲小男孩，是母親艾米莉雅的心肝寶貝。他們母子倆當天早上在波士頓搭機，以便去探望薩貝斯汀的父親。他的父親在洛杉磯的貝沙灣鄉村俱樂部（Bel-Air Country Club）工作。薩貝斯汀喜歡足球與棒球，有時他會模仿足球名將C羅（Cristiano Ronaldo）射門得分，有時則是模仿超級捕手「Pudge」伊凡・羅德里奎茲（Iván "Pudge" Rodríguez）蹲著等待接快速球。薩貝斯汀在足球隊中是優秀的前鋒。每當隊友進球時，他大喊「好球！」的聲音總是比其他人響亮。

這四個年齡、性別、種族、學歷、國籍、財富各異的人，卻因九一一恐攻事件而永遠地連結在一起。他們素昧平生，但同一天過世，成為恐攻的罹難者。瑞克永遠無法結婚，也沒有機會把父母的房子重新修好了；吉姆永遠不會退休，也沒有機會看到女兒長大成人了；艾妮塔永遠無法完成廚藝學院的學業，也沒有機會開蛋糕店了；薩貝斯汀永遠無法成為球評，甚至連七歲的生日也無法慶祝了。他們都留下未竟的夢想，留下永遠無法實現的希望與計畫，也留下親友哀悼他們的早逝。

那天上午發生恐攻後，美國氣急敗壞地做出明確的回應。當全國都在尋找解釋、安慰、保護、報復的時候，國會通過了《愛國者法》（Patriot Act），不久美國就出兵了。[1]

美國軍隊迅速前往阿富汗，國民警衛隊被派去執行任務。他們的家人感受到九一一帶來的短期影響，看著他們遠在地球的另一端閃避自殺式轟炸機，試圖平息阿富汗及伊拉克的混亂局面。國會則是為了名稱含糊不清的「反恐戰爭」投入數兆美元。[2]

住在紐約、華盛頓特區、賓州等地廢墟附近的美國人，經歷了長期的變化。污染的空氣、封鎖的區域，以及軍隊、調查人員、政府官員、媒體、警察持續在現場徘徊。這些美國人的生活中，時時都有東西提醒他們那段恐攻的慘烈經驗。

成千上百萬的美國人與九一一的罹難者沒有直接的關聯，他們不住在事發地點附近，也沒有親友在軍中服役。對他們來說，生活不久就回到九一一事件前的狀態。股市幾個月內就止跌回升了[3]，失業率雖然上升了一些，但是對成千上百萬的美國人來說，讓他們想起恐攻與戰爭的最明顯跡象，是機場隨處可見但疏密不一的新安檢措施。[4]

然而，對九一一罹難者的親友來說，情感與經濟上的鴻溝依然存在。情感上的鴻溝是源自於頓時失去至親摯愛。經濟上的鴻溝是源自於罹難者再也無法提供收入與資助。許多罹難者在世時，一直是家裡的經濟支柱，為家人貢獻收入、支付開支、儲蓄退休金。有些罹難者是從事無償的勞動，例如照顧孩子、年邁的父母與其他親屬。有些是仍在求學的孩子，但他們最終也會從事有償或無償的工作。

九一一造成的空前破壞，促使聯邦政府做出同樣空前的反應。以前的恐怖襲擊（例如一九九五年奧克拉荷馬市的爆炸案、一九九八年美國駐肯亞與坦尚尼亞大使館的爆炸案、一九九三年世貿大樓的第一起恐怖攻擊）都沒有促成國賠基金的成立。那些慘烈的死亡事件並沒有促使政府撥出一大筆錢，來補償那些直接受到衝擊的人。更重要的是，對我們目前探討的議題來說，之前那幾樁悲劇都沒有促使政府給逝去的生命貼上價碼。

九一一恐攻事件所獲得的對待極其不同。營運困頓的航空業與政府官員協商，最終促成了《航空運輸安全與系統穩定法》（Air Transportation Safety and System Stabilization Act）。[5]這個法案迅速在國會通過，並於二〇〇一年九月二十二日生效。[6]二〇〇一年，政府撥款數十億美元以支持瀕臨破產的航空業，也為九一一罹難家屬在內的索賠人提供數十億美元的賠償金。這些資金的主要目的，是避免公司宣告破產。也因此，接受賠償的家屬放棄了起訴「任何可能有罪的組織」的權利。這裡所謂的「任何可能有罪的組織」，包括航空公司、機場、保安公司或世貿中心等等。為了誘使家屬接受賠償而不提起訴訟，國會把航空業的金融負債上限訂為六十億美元，並規定賠償金額必須符合過失責任法規的標準。[7]

司法部長約翰・艾許克羅（John Ashcroft）指派肯尼斯・費恩伯格（Kenneth R. Feinberg）擔任九一一罹難者賠償基金的特別負責人。[8]費恩伯格曾是聯邦檢察官，當過參議員泰德・甘迺迪（Ted Kennedy）主持的司法委員會的特別顧問，也在一九八〇年代解決了「橙劑」（Agent Orange）訴訟案，奠定了他身為美國頂尖仲裁者的地位。基本上，艾許克羅指派給費恩伯格的任務，就是確定價碼：為死亡或受傷所造成的經濟與非經濟成本算出價值。

他設計出來的公式，結合了非經濟價值、眷屬價值、經濟價值。每個罹難者的非經濟價值都一樣，亦即二十五萬美元；每個受扶養眷屬的眷屬價值也都一樣。所以，如果罹難者有配偶，賠償金會多十萬美元；每多一個受扶養的眷屬，賠償金就多十萬美元。[9]經濟價值則取決於罹難者的收入，所以差異很大。它是根據罹難者的預期終身收入、福利和其他薪酬計算出來的，並根據罹難者的實際稅率進行調整。這個計算涉及的資訊包括罹難者的年齡、預計他們還能工作幾年、他們的收入預計會隨著時間推移而增加多少。

為了避免對高收入者的家庭支付巨額賠償，費恩伯格把假定的年收上限設為二十三萬一千美元。

然後，總金額會再減去罹難者已經從其他來源獲得的賠償金（例如壽險、退休金或死亡撫恤金）。

非經濟價值、眷屬價值、經濟價值的總和，會根據醫療與喪葬費用向上調整。這些數字都計入以後，罹難者的家庭會收到一份國賠提議書。他們可以選擇接受提議的數字，也可以選擇上訴。費恩伯格在《人命值多少？》（*What Is Life Worth?*）一書中詳細討論了這個過程。他在書中提到，二〇〇四年六月完成這個程序時，97%的罹難者家庭已經同意接受總計七十億美元的賠償，平均每位罹難者的賠償金額約兩百萬美元。[10]然而，賠償金的範圍很大，最低是二十五萬美元，最高是七百多萬美元。也就是說，有些人的生命價值幾乎是其他人的三十倍。

收入屬最低層級的罹難者——亦即恐攻發生時年收不到兩萬美元的人——生命價值介於二十五萬美元到兩百二十萬之間，平均賠償金額不到一百萬美元。收入屬最高層級的罹難者——亦即年收至少二十二萬美元的人——平均獲得的賠償是四百萬美元。

瑞克、吉姆、艾妮塔、薩貝斯汀的生命被賦予了非常不同的價值。

想要計算瑞克的生命價值，這本身就是一件非常複雜的事。一般認為警消人員有其他來源的薪酬（例如第二份工作的收入），還有退休金。所以，他們的生命價碼因遺屬撫恤金、子女的社會保障福利，以及他們的工作所提供的其他保險與給付而縮水了。對瑞克來說，這表示他的生命價值算出來是一百二十五萬美元（非經濟價值二十五萬美元和經濟價值一百萬美元的總和）。瑞克那一百萬美元的經濟價值，是從他可能損失的兩百七十萬美元的收入中，減去一百七十萬美元的消防員撫卹津貼而得。這筆錢會給誰呢？由他的父母和兄弟來分。他的未婚妻蘇西得不到任何賠償，因為瑞克過世時，她在法律上還不是他的家人。

吉姆的年收入遠遠超過賠償公式規定的收入上限二十三萬一千美元。他的高階主管薪酬中，有一部分是公司為他購買的高額壽險，所以他的家人領到的賠償金只剩四百萬美元。家人可以輕易主張這筆賠償金只是其未來收入的冰山一角。畢竟，公式把吉姆的年收限制在二十三萬一千美元，那顯然與他在投資公司的收入無關。

艾妮塔上廚藝學校期間，只能去餐廳打工，勉強維持生計，年收僅一萬九千美元。她的女友艾胥麗承擔了大部分的房租及部分學費（雖然艾妮塔也揹了學貸）。由於艾妮塔沒有受扶養的眷屬，收入又少，她的生命價值是七十五萬美元，也是這四人中最低的。

艾妮塔與艾胥麗雖然同居，但兩人的關係沒有法律地位，所以艾胥麗領不到任何賠償金。賠償金是直接發送給艾妮塔位於印尼老家的家人。

就讀小學一年級的薩貝斯汀，與其他十八歲以下的罹難者歸為一類。這些罹難者沒有收入，也沒有受扶養的眷屬，他們的生命價格都一樣，約八十萬三千美元。這個數字的計算是根據美國工薪階層的平均收入，再加上一點邏輯想像，假設這些孩童在九一一那天是二十歲。未成年人的賠償金比平均的賠償金少了數十萬美元。每名罹難孩童無論背景、學歷、社會地位、種族、性別或任何其他因素，生命價值都一樣。[11]這種平等賠償未成年人的方式，與其他罹難者的巨幅賠償差距截然不同。

這四人的生命都不幸提早結束了，他們原本對未來都有計畫。他們的生命有非常不同的價值，生命的價碼大不相同。未成年人的生命價碼都一樣，但成人的價碼從二十五萬美元到七百多萬美元不等。這個價碼範圍很廣，反映了一個事實：費恩伯格賦予生命的價值，大多是根據每個罹難者的經濟價值而定——亦即這個人預期能賺到的錢——而不是根據他們的非經濟價值。

這些價碼從以前到現在一直充滿爭議性，深受各種政治立場的人——從自由意志主義者（libertarian，亦即右派自由主義）到自由主義者（liberal，亦即左派自由主義）——

的強烈批評。有些人抗議政府不該為航空公司紓困，畢竟航空公司可用保險金來理賠家屬。航空公司若遭到起訴，可能是因為怠忽職守，未發現劫機者，讓他們登機及劫機。事實上，金融公司康托菲茨傑拉德（Cantor Fitzgerald）在九一一事件中失去了六百五十八位員工，該公司以一．三五億美元與美國航空公司（American Airlines）達成和解。[12]與此同時，慈善機構（比較傳統的支持來源）也迅速募集了超過二十七億美元，以幫助那些受到恐攻影響的人。[13]

有些人認為，政府為九一一罹難者提供任何賠償都是不公平的（unfair）。畢竟，這不是美國發生的第一起恐怖事件，也不是第一起造成美國人死亡的恐怖事件，當然也不會是最後一次。許多人認為，政府向九一一罹難者的家屬支付賠償金是不公義的（unjust），因為之前發生的爆炸、大規模槍擊事件、縱火攻擊、其他的恐怖行為等等，都沒有得到政府的賠償。而且，沒有跡象顯示，設立罹難者賠償基金將變成未來因應恐怖活動的標準作法。例如，二〇一三年的波士頓馬拉松爆炸案造成不少人死傷，二〇一七年的紐約市卡車襲擊事件導致八人死亡，但聯邦政府並未賠償任何傷者或罹難者。儘管我們幾乎可以肯定美國人在未來將繼續成為恐怖攻擊的目標，但政府把九一一事件視為一次性的特殊事件來處理。

實務上，九一一賠償基金還必須針對誰有資格領賠償金設下一些範圍，否則申請賠償的人數可能多達數百萬人。有些人抗議，賠償只包括所謂「鄰近地區」的人。例如，不包括住在哈德遜河對面的紐澤西州居民，但雙子星大樓倒塌時所產生的大量有毒粉塵與煙霧對他們也有影響，他們的呼吸系統問題卻得不到賠償。此外，那些等了三天以上才去看醫生的無反應者（nonresponder）也得不到賠償——這裡的邏輯是：既然他們可以等三天以上才去看病，他們承受的傷害可能與攻擊事件無關。[14]

而且，這次賠償也對那些上訴要求更高賠償金的家庭比較有利。那些直接接受賠償提議書的家庭所收到的賠償金，平均比上訴要求更多賠償金的家庭領得少。[15]

有些人抗議，價碼公式不公平。高收入者的家庭覺得，那個年收入上限對他們很吃虧——畢竟，以二十三萬一千美元做為最高年收入的決定太過武斷。有些人批評那些富裕家庭，國難當前卻貪得無厭。由於這個價碼主要是由收入決定，而不是由非經濟價值或眷屬價值決定，與收入有關的種族及性別不平等在九一一賠償方案中又加劇了。

本章提到的那四人都不是家中的主要照護者，但全國有很大比例的成人把時間花在撫養孩子、照顧年邁父母與親人身上。由於照護者沒有薪酬，這類罹難者在計算補償時是沒有收入的。居家全職照顧孩子的父母抵消了日托中心或保姆的費用，但賠償方案在評價其生命時，並未考慮到這點。

二〇一六年，近三分之一的母親待在家裡照顧孩子；居家全職照顧孩子的家長中，約80%是母親。[16]照顧老人方面也有性別失衡，約三分之二的老人照護者是女性。[17]在照顧孩子與老人方面，女性比男性更有可能放棄收入。結果導致賠償公式在計算女性罹難者時，使用較低的經濟價值，算出的生命價碼比較低。九一一罹難者賠償計畫完成後，女性罹難者的平均賠償金額僅為男性罹難者的63%。[18]

顯然，對那些選擇把更多時間花在家庭上、而不是拿來賺取收入的人來說，九一一賠償公式賦予他們的生命價值少了很多。此外，這個公式也懲罰了那些工作對社會比較有利、但薪酬較少的人。

除了這些問題以外，由於收入與工資落差會影響這個價碼的計算，另一個問題也揮之不去。兩個有相同學經歷的勞工，往往薪酬不同。例如，無論是比較高中學歷、大學學歷還是碩士學歷的成人，黑人的收入都比白人低25%到30%。[19]性別的收入差距（亦即女性收入低於男性），即使把年資、學歷、每年的工作時間、行業、職業、種族、婚姻狀況等差異納入考量，落差依然存在。[20]因性別、種族或國籍而衍生的薪酬差距，是勞力市場不公平的跡象。以一個人當前的收入來估算其生命的經濟價值時，這些差距會在他們預期原本能再工作的幾十年間加倍放大。

這種以收入來計算賠償金的算法，低估了退休或不工作者的貢獻。這點極其明顯，連九一一罹難者賠償基金的官方常見問題集裡，也有一句語意含糊的聲明：賠償是根據「替代服務的經濟價值來計算，使用相關研究或類似方法所提供的標準值」。[21]「替代服務」指的是家庭主婦執行一些可由專業管家或專業廚師完成的任務。結果顯示，六十歲以上罹難者的平均賠償額不到年輕罹難者的一半。[22]

另一些人指出，有些受傷的倖存者得到的賠償金逾八百萬美元，比任何獲得死亡賠償的家庭還多。[23]任何會讓受傷賠償金高於死亡賠償金的方案，會遭到批評也是應該的。

我們可以看到，評價九一一罹難者生命的方式，引起了許多合理的反對意見。那還有別的方法可以嘗試嗎？除了開發複雜的演算法以外，事實上還有一種簡單的選擇：對所有人的生命一視同仁。

如果是為了補償，需要為失去的生命賦予一個價碼，為什麼不乾脆設一個人人等價的價碼呢？這種主張的背後邏輯很直截了當。畢竟，無論罹難者是年輕人、還是老人，是富人、還是窮人，是男人、還是女人，是美國人、還是外國人，謀殺的罪名都是一樣的。名義上，謀殺就是謀殺，不管被害人是誰。在美國，對謀殺的實際懲罰，往往取決於罹難者的種族與社經地位。但是這種法律體系的偏見不該套用在罹難者的賠償上，導致賠償的不公平。

人權理當人人平等。政府對生命、自由、追求幸福的承諾，應該延伸到每個人，因為我們理當「生而平等」。這個原則不僅限於美國的《獨立宣言》，《世界人權宣言》（*Universal Declaration of Human Rights*）也明確指出：「人人生而自由，在尊嚴和權利上一律平等。」如果罹難者賠償是一種人權，為什麼要由經濟損失來決定賠償金額的多寡呢？

二〇〇四年，費恩伯格自己也得出同樣的結論，他寫道：「我們可以提出一個強而有力的論點，萬一下次國會再次考慮賠償恐攻罹難者，所有符合條件的索賠人，無論如何定義，都應該獲得同樣的免稅賠償。這種固定給付的方式不僅更容易處理，也可以盡量縮減合格索賠人之間的分歧。如此一來，這些索賠人就不會再抗議親人（如消防員）的生命價值遭到低估，不如股票經紀人或銀行家的價值了。」[24]一年後，費恩伯格提出更強硬的立場，他說那個賠償公式「有缺陷」，「個人財富與眷屬的情況，不該在計算賠償金額時列入考量」。[25]的確，美國在處理軍人殉職的賠償時，已有這方面的先例。

既然政府認為九一一恐攻是戰爭行為，它就應該考量軍人的死亡是如何賠償的。所有不涉及不當行為的現役軍人死亡，都是視為因公殉職，無論他們是在戰鬥中、訓練中，還是因不相關的原因（如疾病）而死亡。[26]補償包含直接收入援助、過渡援助、收入替代。直接收入援助是十萬美元的現金，不分軍銜，所以士兵與將軍的家屬都收到一樣的金額。過渡援助（例如醫療與牙科保險、諮詢服務、過渡住房等等），也是不分軍銜。收入替代包含許多方案，其中最大的兩項是軍人團體壽險（Servicemembers' Group Life Insurance，SGLI）和遺屬補償金（Dependency and Indemnity Compensation，DIC）。SGLI為所有現役軍人提供最高四十萬美元的政府補貼保險，DIC則是按月支付。這兩個方案都是不分死者軍銜，支付固定金額。

還有另一個先例。一九八八年通過的《公民自由法案》（Civil Liberties Act）向二戰期間遭到拘禁的所有日裔美國人，支付每人兩萬美元的固定賠償金。那個金額不因每個人拘禁期間損失多少收入而不同。在這種情況下，補償金是為了彌補他們失去的機會與自由，而不是失去的生命。

以同樣的方式來評價每位九一一罹難者的生命會比較簡單，爭議較少，也符合聯邦政府與國際機構慣用的成本效益計算。美國環保署（EPA）和運輸安全管理局（TSA）等聯邦機構通常是採用固定價碼（人人等價）來做成本效益分析。這些機構計算的價碼不會因為一個人是貧是富、是黑是白、是老是少而有所不同。

這些機構是先計算一個專案或法規的預期成本（例如減少某種生產方式所產生的致癌物），然後再比較那個成本與預期的效益。效益的計算是根據預期挽救的生命數量，而那個生命價值的計算，也是根據所謂「統計生命價值」（Value of a Statistical Life）的概念。[27]統計生命價值是衡量人們需要得到多少錢，才願意接受死亡風險的增加；或願意支付多少錢，以減少死亡的風險。支持採用「統計生命價值」的人認為，這種衡量方式把焦點放在風險的「增量」上，有助於一些成本效益的計算。他們認為，這個方法並沒有要算出某人為了避免某種死亡，願意支付多少錢（那個金額應該無法計算）；或一群人為了拯救某個人，願意支付多少錢（那個金額肯定充滿偏見）。

實務上，這個估計值不僅用來計算風險，分析師也用它來代表生命的價值。他們在計算透過監管強化、安全改善或其他支出來拯救生命（而不是降低風險）的經濟效益時，這是關鍵的輸入值。

一九九五年，政府間氣候變遷委員會（Intergovernmental Panel on Climate Change，ＩＰＣＣ）根據人們是生活在低收入、中收入還是高收入國家，為人命賦予了三種不同的價值。那三個數值的差距很大，高收入國家的人命價值是貧國的十五倍。這種冒犯人命尊嚴的算法，立刻引起反彈。對此，科學家迅速收回提議。二〇〇一年，IPCC計算減少溫室氣體的成本與效益時，是以全球各地都是一命一百萬美元來衡量。[28]不管國家貧富，各地的人命都是等值的。相較之下，這個「一百萬美元」的金額遠低於美國環保署使用的人命價值，美國環保署算出來的價碼反映了美國平均收入遠高於全球平均的事實。[29]如今人命的計算沒有一致的方法，有些國際研究員使用的價值反映了一國的財富，有些人則認為所有生命的價值都一樣。例如，發表在《刺胳針》（*The Lancet*）雜誌上的研究論文顯示，七十五個中低收入國家的衛生與教育投資有很高的報酬率。這些論文都以相同的生命價值來代表這些人命的非經濟價值，不管他們居住國的人均GDP是多少。[30]

小布希總統執政期間，環保署提議賦予生命兩種價碼，做為「淨化空氣計畫」（Clear Skies Initiative）的一部分：未滿七十歲的人，一命價值三百七十萬美元；滿七十歲的人，一命價值兩百三十萬美元。這項提議一出現，馬上引來嚴厲的批評。為老人權益發聲的人說，這種作法簡直是「老人死亡折扣」，大眾對這種折扣概念產生激烈的反彈。[31]賦予老人的生命較低的價碼不僅極不公平，也無法以「統計生命價值」來做科學辯解，因為統計生命價值不見得會隨著年齡增長而減少。[32]於是，環保署迅速讓步，恢復人人等價的作法，不再假設某些人的性命比其他人更有價值。

二〇一〇年，環保署計算新法規的成本效益時，採用的每條人命價碼是九百一十萬美元。美國食品藥物管理局（FDA）二〇一〇年採用的固定價碼是一命七百九十萬美元；二〇一一年是八百三十萬美元。運輸安全管理局最近對每條人命採用的固定價碼是九百四十萬美元。[33]這些價值都大幅超越了平均的未來預期收入（這些機構以前用來衡量人命的指標）。[34]

雖然這些機構採用的數字各不相同似乎不合邏輯，但重點是每個機構都賦予所有獲救的生命單一的價碼，無論那些人命是靠管制空氣中的毒素、食源性疾病還是安全氣囊獲救的。他們不是看某人是否有孩子、收入多少或年齡來賦予生命不同的價碼。這種衡量生命價值的一致性是監管的一個優點，儘管監管機構之間各自使用的人命價值不同，以及「統計生命價值」背後的科學仍值得商榷。

那麼，這些價碼是怎麼算出來的呢？這就是經濟學家開始扮演上帝的時候了，他們試圖為無法買到的東西「推測」價格。世界上找不到生命的自由市場，所以經濟學家無法看到人們願意以多少錢出售生命，也看不到沒有經濟壓力的人願意花多少錢來延長壽命。

想像一下，一個瘋子決定殺一個人。他買不到殺人的權利，奴隸制也是非法的（把一個人買來當自己的財產是違法的）。美國沒有合法的市場讓人花錢取得「擁有」或「奪走」他人性命的權利。

既然沒有市場可以購買生命，經濟學家如何算出「統計生命價值」呢？一種方法是透過調查，詢問一些假設性的問題。另兩種方法是看實際決策的經濟影響與風險影響。第一種方法使用的調查類型，通常稱為「假設市場評價法」（contingent-valuation survey）或「敘述性偏好法」（stated-preference method）。這些調查是讓人衡量他們為某物付錢的意願，或為某物收錢的意願。另兩種方法是看實際的決策：一種方法是看一個人接下風險較大的工作時，獲得的額外收入是多少（薪酬法）；另一種方法是看一個人為了降低風險（顯示的偏好）所支付的金額。我們很快就會看到，這些方法都是依賴錯誤的假設，因此常得出不一致的結論。

以「調查法」估計統計生命價值

這種調查法讓人想起一個經典的笑話。搶劫犯拿槍抵著老人的頭喊道：「要錢、還是要命!?」老人盯著他看，不發一語。搶劫犯又大喊：「我說了，要錢還是要命!?」老人回答：「我正在想啊！」

「萬一遇到殺手，你願意花多少錢保住性命？」經濟學家無法直接問這個問題，就預期得到實用的資訊，因為答案很可能是：「我願意把我的一切都給你，甚至更多。」這種答法雖然很有詩意，但無法量化。你問一位家長：「為了避免孩子遭到謀殺，你願意付多少錢？」你也會得到類似的回答。在現實世界中，大家認為生命是寶貴、無價的。許多人認為給生命貼上價碼很糟糕、不道德，而且往往無法想像。多數宗教與哲學完全拒絕為人命定價。然而，賦予生命一個價碼是成本效益分析的核心，也是九一一罹難者賠償基金的主要任務。

經濟學家如何決定一條生命的價值？由於直接問一個人願意為生命付多少錢，你得不到答案，經濟學家避免直接這樣問，而是改用旁敲側擊的方式，繞著那個話題探究，而不直接問價碼。例如，他們在購物中心攔下消費者，打電話給民眾，或上網詢問：「如果死於○○的機率是萬分之一，你願意為了避免這種死亡付多少錢？」如果調查出來的平均價格是九百美元，研究人員可以從這裡推論，如果有一萬人支付這個金額，那麼平均而言，拯救一條生命總共要花九百萬美元。那九百萬美元代表大家為了充分降低風險以拯救一條生命而花的金額，那個數字稱為「統計生命價值」。這種算法的缺陷顯而易見。而且，調查法也有選擇偏差。那些願意花時間逛商場、接電話或做這種線上調查的人，無法代表一般大眾。這些人即使得不到明顯的好處，但他們依然願意花不少時間回答問題。

調查法的另一大缺陷是：調查的問題非常抽象。很少人真正了解這種調查究竟想探究什麼，因此抽象問題往往促成毫無根據的臆測、一廂情願的想法或隨便的回應。

研究人員常以非常不科學的方式來調整這種狀況：乾脆淘汰他們覺得不好分析的資料點。一種經常遭到淘汰的回應是：「我無法對生命定價。」經濟學家奇普・維斯庫西（W. Kip Viscusi）是「統計生命價值」的愛用者，他直言，研究人員非常清楚哪些回應是可接受的：「安全政策降低的風險越多，受訪者應該會願意為安全政策花更多的錢……比較有錢的受訪者應該會願意為某種程度的風險下降支付較多的錢。」[35]看到資料不符合你的假設就直接淘汰，那樣做違反了基本的科學方法。此外，篩除那些與研究者的概念相左的回應，會使算出來的「統計生命價值」產生偏差，使它出現特定的屬性，呼應研究者的先入之見。

你問同一人另一個稍微不同的價碼問題，可能會得到非常不同的回答。[36]於是，同一人可能對「統計生命價值」有一整套不同的估值，那數字主要取決於他想迴避的風險（火災喪生或罹癌過世）、那種風險發生的可能性，甚至是更簡單的事情（例如問題的用字遣詞，或受訪者是否在當天早上的報紙上讀到霧霾的風險、玉米餅中有大腸桿菌、汽車召回等報導）。

這種方法還有一個令人擔憂的問題：這種「支付意願」的調查往往是獨立進行的。這裡所謂的獨立，是指受訪者可能沒想到，為了解決一個問題而支付的錢，可能會減少可用來解決其他問題的錢。

此外，付錢與收錢的感覺是截然不同的。[37]一個人說他願意支付九百美元以降低死於〇〇〇的風險萬分之一，並不表示他願意收九百美元而增加死於〇〇〇的機率萬分之一。「假設市場評價法」沒有這個問題，因為它已經確定，在許多領域，人們支付的意願與收款的意願往往大不相同。[38]換句話說，一個人願意收十萬美元以暴露在一定程度的風險中，和一個人願意付十萬美元來降低同樣程度的風險，兩者的機率是不同的。後面的章節會更深入探討，一個人的行動不會完全依循風險的估算。

以「薪酬法」估計統計生命價值

薪酬法是看一個人接下風險較大的工作時，獲得的額外收入是多少。在經濟學理論中，求職者選擇工作時，需要在知情下，根據「他將承受什麼風險」與「他承受這種風險預期得到多少報酬」來做決定。這個理論是假設，求職者可以選擇自己從事的工作，知道每個工作的死亡風險，以及挑不同的工作會增加多少風險，所以他對風險更大的工作會要求更高的薪酬。這個方法是以危險工作的「薪酬增額」相對於「風險增量」的比例，來估算統計生命價值。

許多估值是根據這個概念算出來的，它們來自不同時期、不同國家、不同職業，價值從幾萬美元到幾千萬美元不等。[39]許多因素都會影響估算的結果，諸如分析中使用的國家、員工是否參加工會、員工是白領或藍領、員工所在產業等等。雖然不同研究的估值差異很大，但成本效益分析師使用美國的研究，算出二〇〇〇年每人的生命價值是六百一十萬美元。[40]

這個計算是建立在一些錯誤的假設上。可能成為員工的人往往別無選擇，只能接受眼前的工作機會，且往往對不同工作的風險增量知之甚少或一無所知。即使員工知道一個工作的急性傷害與死亡風險大很多，他通常不知道風險確切有多大。此外，員工不會拿這些風險增量的精確估計值，並從非急性風險中推估缺少的資料，然後再分析資料，以決定需要多少薪酬補貼。簡言之，這種計算是假設員工做決策時具備某些資訊，但可能的員工根本沒有做出合理決定所需的資訊，而且他們通常也缺乏就業選擇或議價的機會。

他們甚至不知道一個工作究竟可以拿到多高的薪水，也欠缺有效的議價籌碼。這點從加入工會的工人薪水較高，因此有較高的統計生命價值即可見得。[41]

每個人的風險承受力都是與生俱來的。有些人會刻意迴避風險，有些人會刻意承擔較高的風險。吸菸者與飲酒者比較可能承擔較多的風險。平均而言，女性比男性討厭冒險，所以女性的統計生命價值比男性高。工作選擇較少的人，即使高風險沒有額外補償，也會選擇風險較大的工作，因為他們別無選擇。這些人的統計生命價值比較低，因為他們缺乏工作選擇或議價籌碼，或者不知道工作涉及什麼風險。

儘管統計生命價值在設計、資料取得、計算等方面，都有邏輯與方法上的缺陷，有些人還是以這種方法算出人命價值，並採用這個價碼。這種統計生命價值因估計的方式不同，估值有很大的範圍與變異程度（variance）。而且，即使研究人員已經設法限制哪些受訪者的回應才可採納，估值依然有很大的變異。

檢閱六百二十一份勞工的統計生命價值研究，這些研究都使用相同的職業死亡資料集，結果第九十五個百分位數的生命估計值（三千五百七十萬美元）與第五個百分位數的估計值（一百八十萬美元）相差了近三千四百萬美元。另一種思考方法是，如果你把這六百二十一份研究估算出來的生命價值由低到高依序排列，第五百九十個估計值（亦即第九十五百分位，三千五百七十萬美元）是第三十一個估計值（亦即第五百分位，一百八十萬美元）的二十倍。[42]美國的估值範圍那麼大，再加上眾所皆知的其他因素，可見這種衡量方法的科學有效性值得懷疑。在國際價值的比較中，也可以看到這種大範圍的估值，以及非常違反直覺的趨勢（例如巴基斯坦的統計生命價值竟然是臺灣的十五倍）。[43]

以「顯示偏好法」估計統計生命價值

顯示偏好法剛好和薪酬法相反，它不是分析一個人需要多少錢才願意承擔更高的風險（亦即收款意願），而是看一個人願意花多少錢來降低風險（亦即支付意願）。

想像有一項研究觀察單車頭盔的消費模式。經濟學家可以研究，人們願意多花多少錢去購買較貴、但保護力較好（減少頭部創傷或死亡機率）的頭盔。這個方法是用昂貴頭盔「多付的價差」相對於「風險減量」的比例，來估算統計生命價值。

經濟學家再次假設，購買頭盔是一種知情合理的決定，決策者知道花錢可以降低多少風險。此外，這種分析也沒有考慮到不同顧客有不同的可支配所得——這表示有些顧客可以輕易花很多錢在安全設備上。在現實中，消費者幾乎不可能知道兩種頭盔之間的風險差異，挑選頭盔往往和個人購買力及其他非安全性的因素有關（例如頭盔的設計與顏色）。

經濟學家也可以分析花在家庭滅火器上的錢，或花在繫安全帶上的時間。這兩種情況下，這些活動都可以金錢化，並與降低的死亡率做比較。經濟學家再次假設，一般人做這些決策時，對死亡率的降低有充分的了解，但這個假設鮮少是真的。

不管是使用調查法、薪酬法、顯示偏好法來估算統計生命價值，算出來的價值都可能有很大的差異，而且計算本身都有邏輯上的缺陷。

從反恐戰爭的角度來看大家對九一一恐攻的反應，也可以用同樣的錯誤邏輯為生命賦予更高的價碼。為了反恐，我們花數兆美元強化內部與外部的國防與安全措施。這些開支包括設立美國國土安全部（約有二十五萬名員工）等政府機構，以及在阿富汗、伊拉克等海外開戰。[44]把這數兆美元的增額投資，除以九一一恐攻近三千條生命的殞落，就會得出一個願意為每條生命支付數億美元（或更多）的價格。這種計算的缺陷包括：美國公民對那些開支幾乎毫無影響力，而且那些措施對未來恐攻風險的影響也有待商榷。

我們也可以做類似的計算來估計，美國機場的脫鞋檢查會額外花多少時間——這是恐怖分子理查・瑞德（Richard Reid）企圖在飛機上引爆藏有爆裂物的鞋子後才出現的規定。經濟學家可以計算花費在這道防衛程序上的時間，接著再以乘客的年收入來計算這些時間相當於多少錢，藉此估算機會成本。這個機會成本可以再加上其他與脫鞋有關的增加成本，算出一個總成本。這個總成本可以拿來和這道程序預期可挽救的生命數量做比較，這樣就會產生另一個生命價值——但是，這也是有缺陷的估值方法，因為乘客無法選擇要不要脫鞋，而且這道安全程序究竟能降低多少死亡風險也有待商榷。

☙ ☙ ☙

總之，每種衡量生命價值的方法在邏輯上都有缺陷。分析上有句老調常談：「垃圾進，垃圾出」[45]，非常適合套用在估計統計生命價值上，但我們還是用這些方法來推算生命價碼。儘管這些價碼有缺陷又不合邏輯，但它們還是很常用，而且對現實世界有實質的影響。

撇開局限性不談，統計生命價值的使用確實有一些好處。這個價值本身遠高於多數美國人的預期收入，因此使用這個更高的價值比用失去的所得來計算，提供更大的保障。此外，監管機構對所有的生命都使用相同的價值，因此避免了與收入有關的偏誤。

由於九一一事件的賠償是為了減少訴訟，所以需要考慮財務損失，把個人預期的一生收入納入計算。誠如前述，收入不是衡量個人價值的公平或恰當指標。想像一下，如果我們用收入來比較一名避險基金經理人與一名社工、教師、警官、消防員或士兵的生命價值，那會得出什麼荒謬的結論。那種算法暗示著，一個頂尖的避險基金經理人，年收入逾一億美元，他為社會、家庭、摯愛所帶來的價值，是其他辛勤工作者的一千倍或甚至更多——這實在很荒謬。根據收入來估算一個人的生命價值，會產生這種不合邏輯的結論，並導致不道德的後果。

這種以收入來估算人命的方法，可以用來為每個人指定出一個「平均」的生命價值嗎？當然可以。這就是費恩伯格為九一一的未成年罹難者所做的。然而，一個價值有邏輯缺陷時，它的平均值依然有缺陷。

法律規定那個賠償基金必須同時考慮經濟與非經濟價值，但國會其實不需要透過法律把經濟損失硬加入算式中。畢竟，其他政府機構的方案也同樣重視生命。如果費恩伯格可以像他二〇〇四年主張的那樣，為每條人命賦予單一價值，他還是需要算出那個數值，但那會大幅簡化價碼的公式。那表示每個人都有相同的非經濟價值，而且眷屬價值、經濟價值、福利調整值都會設為零。

這不是完美的方案，肯定會出現強而有力的反對意見。反對這種方案的人可能說，這會過度補償低收入罹難者的家庭，同時可能為高收入罹難者的家庭帶來困難。他們可能說，對失業或從事低收入工作的罹難者家庭支付數百萬美元，相當於讓他們中頭彩。與此同時，他們也會說，同等的賠償金並未考慮到高收入罹難者在教育、職業、其他有助於事業成功的可控因素上所付出的努力。那樣做等於是把聖人與罪人一視同仁，把索取者與施予者同等看待，把諾貝爾獎得主和無家可歸的海洛因成癮者，把救命疫苗的發明者和殺人凶手都等量齊觀。

雖然每種系統都有人反對，但我們必須了解，就像費恩伯格的公式所衍生的結果一樣，多數反對單一價值的論點可能是來自最高收入的家庭。約莫3%的家庭回絕了政府提議的賠償，這其中有很大一部分是類似吉姆那種情況。他的年收入遠遠超過基金設定的上限二十三萬一千美元。那些認為收入上限不合理的人，可能會拒絕政府提議的賠償金額並提出上訴，而不是接受提議並放棄權利。

那麼，每個家庭究竟應該獲得多少賠償呢？

瑞克、吉姆、艾妮塔、薩貝斯汀，以及其他近三千人在九一一事件中罹難了。隨後數年，數十萬人死於伊拉克與阿富汗的軍事行動，其中有許多人是伊拉克或阿富汗的平民。每個罹難者都是某人的至親摯愛，他們都有家人，都有未來的計畫，每一個人都值得被記得與珍惜。

九一一罹難的近三千人，每個人的生命都貼上了一個價碼。那個價碼的範圍很大，從二十五萬美元到七百多萬美元不等。然而，這些生命其實也可以簡單貼上同樣的價碼就好。雖然實際的金額有爭議，但給一個固定的金額（無論是三百萬美元、六百一十萬美元、一千萬美元，還是其他數字）都是賠償這些家庭最簡單、最公平的方式。使用相同的價值可以明確顯示，人人都有價值，純粹是因為他們是人，活著的時候能為家人、朋友、社會做出貢獻。雖然美國軍方、聯邦機構、國際機構在使用哪種價碼上沒有共識，但他們一致選擇把單一價碼公平地套用在所有生命上，不覺得有任何生命比其他生命更值錢。使用單一價值也符合美國人對正義的直覺觀感——七分之六的美國人認為，九一一事件的賠償應該對每個家庭一視同仁。[46]

在美國，我們自豪地宣稱，每個人都有不可剝奪的生存權、自由權、追求幸福的權利。當不可剝奪的生命權遭到剝奪時（像九一一罹難者那樣），賠償不該偏重富人。法律規定的平等保護，是我們法律體系的一個理念，這並未賦予政府權力讓富裕家庭獲得的賠償金是貧困家庭的十倍、二十倍，甚至三十倍。

上述討論是把焦點放在付給罹難者家屬的金額。此外，還有一個更廣泛的問題：使用納稅人的錢賠償罹難者家屬是不是恰當且公平？恐怖攻擊會持續在美國及世界各地發生，一些美國人會因此罹難。更普遍的是，每年有成千上萬名美國人死於謀殺、事故與疏忽。二〇〇一年，美國因故意殺人而死亡的人數是九一一罹難人數的五倍多。[47]從這群過世美國人的角度來看，九一一罹難者賠償基金的存在本身就不公平。儘管那些死亡令人悲傷，但賠償基金把九一一的意外死亡提升到一種截然不同的層次，與其他的意外死亡（無論是事故、凶殺、恐攻還是疏忽造成的）迥異。政府拿人民稅金來補償九一一罹難者家屬的計畫，開啟了一個永恆的問題：還有哪些意外死亡應該用納稅人的稅金來支付？它也永恆性地揭開了一個合理的問題：既然政府用稅金去支付九一一罹難者的家屬，為什麼其他的死亡事件無法動用稅金來賠償？

或許，九一一賠償基金所造成的人命價碼殊異，未來將永遠是恐攻死亡案例中的一個異數。二〇一三年波士頓馬拉松爆炸案發生後，私人捐款總計達六千萬美元，但政府並未設立罹難者賠償基金。那個私人捐款所成立的罹難者賠償基金也是請費恩伯格擔任管理人。這次他決定，無論罹難者的收入多少或有幾位受扶養的眷屬，罹難者的家屬都應該獲得同樣的賠償金。[48]

政府不該插手設立罹難者賠償基金。儘管如此，如果政府將來決定再設立一個那樣的基金，它可以透過一個非常簡單的規則來避免九一一基金犯下的許多錯誤：每個人的生命價值都一樣。

下一章的重點是民事與刑事法庭，那是我們一般追求正義的地方。有人喪命時，民事法庭必須為那個失去的生命指定一個價碼；刑事法庭則是負責代表社會伸張正義。法院被授權按照憲法第十四條修正案「平等保護條款」行事。我們很快就會看到，實務上，司法系統往往因喪命者的身分不同，而做出不同的反應。

第三章　正義不盲目

以下幾起著名的命案顯示，美國司法系統對不同公民的死亡有截然不同的反應：馬克．查普曼（Mark Chapman）射殺約翰．藍儂（John Lennon）；辛普森（O.J. Simpson）的審判；丹尼爾．潘塔萊奧警官（Officer Daniel Pantaleo）勒死艾瑞克．迦納（Eric Garner）；喬治．齊默曼（George Zimmerman）殺死崔馮．馬丁（Trayvon Martin）。案子送上民事法庭後，法院會賦予逝去的生命一個價碼，價碼反映了那條人命的估價。上述四起案件都送上了刑事法庭，審判結果各不相同，那不僅是因為案件本身的情況不同，也因為社會評價那些逝去生命的方式不同。這些案件讓我們有機會從美國司法系統的角度洞悉，有些人的生命是否比其他人更有價值。

查普曼因謀殺藍儂，在監獄裡服刑了三十五年。辛普森因妮可．布朗．辛普森（Nicole Brown Simpson）與羅納德．高曼（Ronald Goldman）的命案而兩次受審。在刑事審判中，他獲判一級謀殺罪不成立。民事法庭後來裁定，他對兩人的死亡負有責任，應賠償原告三千三百五十萬美元。潘塔萊奧警官勒死迦納之前，迦納被指控販售逃稅的香菸。迦納之死除了有影片為證以外，驗屍官也裁定那是他殺，但潘塔萊奧警官並未遭到起訴。他在事件發生後，仍繼續當了五年的警察。[1] 約一年後，紐約市同意向迦納的家人支付五百九十萬美元，以避免面臨漫長的民事審判。社區的守望相助員齊默曼開槍殺死了馬丁，齊默曼是在全國媒體的窮追不捨下，才被控殺害馬丁，但次年即無罪獲釋。屋主協會與馬丁的家人達成和解，和解金額不詳。[2]

在這四個案件中，美國司法系統的反應截然不同，那四位受害者分別代表不同的社會地位、財富、種族。隨後的刑事審判結果，有的遭到定罪，有的獲判無罪，民事審判中達成的財務判決與和解金也非常不同。關於司法系統對這四起謀殺案的不同反應，很多人已經說了很多。這裡我想強調的是，兩種司法體系對生命價值的看法並不相同。

刑事法庭的存在，是為了懲罰那些謀殺或過失殺人的人。國家是坐在法庭的一邊，代表公民尋求正義；被告是坐在法庭的另一邊。從前面提過的廣義價值（價值可以指「重要性或意義」）來看，第十四條修正案對「平等保護」的保證，意味著生命有平等的價值。也就是說，價值遭到低估的生命，受到法律制度的保護不夠。平等保護不見得會有平等的結果，但我們一再看到調查、無罪釋放、定罪、死刑判決中出現不平等，那表示刑事司法系統為不同的受害者與罪犯賦予不同的生命價值。

民事司法系統不是以監禁或死刑做為可能的懲罰。當被告被迫賠償傷害或死亡時，他們是面臨失去金錢和財產的風險。涉及死亡的民事判決，可以讓我們洞悉人命的價碼及影響那些價碼的因素。民事與刑事司法系統都清楚闡述了我們評價生命及保護生命的方式，也能讓我們看清這些作法的公平性。

民事審判

民事審判純粹是為了錢，就是那麼簡單。無論原告再怎麼聲稱「錢不重要」或「錢無法讓我們摯愛的人復生」，那些審判都是為了錢而進行的。[3]在不當致死（wrongful death）的民事案件中，原告會向被告求償，這裡需要做的關鍵決定是：被告是否需要賠償原告，如果需要，要支付多少？賠償金額不僅可以解釋成「原告個人損失」的估計，也可以解釋成「死者生命價值」的金錢衡量。

每天都有人死去，他們可能是自然死亡、意外事故或遭到殺害。不當致死的定義是：一個人由於他人的疏忽、不當行為或故意傷害而死亡或被殺。不當致死包括醫療過失、職業風險、車禍、犯罪行為所造成的死亡。不當致死的民事審判都必須有一個被告——亦即可被起訴的一方。民事審判涉及因傷害或死亡而受到影響的特定生命（亦即有明確的身分），這很容易與監管機構形成對比，因為監管機構計算成本效益時，是考慮「匿名統計生命」的增量風險。

不當致死發生時，有多種不同的損害能納入賠償的考量，包括受害者的痛苦與折磨、葬禮費用、受害人為眷屬提供財務與服務的能力消失了、配偶失去受害者的陪伴、倖存者遭受的創傷與喪親之痛、受害者失去性命等等。[4]不過，在民事審判中，最後兩項——倖存者的悲痛與死者的性命——常被忽略，因為在美國的多數州，民法不為生命賦予金錢價值。[5]民事審判關注的是成本——包括實際成本（例如受害者的葬禮成本）和機會成本（例如受害者原本可為家庭提供的預期收入與服務）。這導致民事判決可能得出這樣的結論：受害者死亡反而幫家庭節省金錢時，就不判予損害賠償金。在這裡，第二章虛構的瑞克、吉姆、艾妮塔、薩貝斯汀又再度登場。六歲的薩貝斯汀、財務分析師吉姆、救火員瑞克的生命評價各不相同。九一一罹難者賠償基金要求最低賠償金是二十五萬美元，因此所有的生命至少都有一個價碼，不會是零。相反地，民事法庭則可能判決損害賠償金是零。

最簡單的方法是，把不當致死案中倖存者獲得的賠償金，想成侵權法（tort law）中常用的三個類別之一：經濟損害賠償、非經濟損害賠償、懲罰性損害賠償。[6]經濟損害賠償是指，如果受害者沒死，他可為倖存者提供的所有經濟貢獻的價值。失去的財務貢獻包括受害人的預期收入與福利（如退休金計畫、醫療保險）、死亡產生的醫療與喪葬費用、受害人原本可提供的服務。經濟損害賠償通常占民事審判中的大宗，九一一罹難者賠償基金也是如此。這也是為什麼吉姆那種有錢商業人士的死亡賠償金額，遠比艾妮塔那種渴望當烘焙師的低收入勞工還高的主因。

非經濟損害賠償包括倖存者的悲痛、疼痛與苦難，痛失至親，失去死者的陪伴、照顧、保護、指引、建議、訓練、養育等等。

最後，懲罰性損害賠償是對被告做經濟上的懲罰。這是為了向被告與其他人傳達一個訊息，藉此阻止未來出現類似的不當行為。[7]為了產生威懾效果，賠償金額必須夠大，這樣一來，潛在的違法者才會權衡做類似不法行為的主要金錢成本與收益。每次為人命貼上較高的價碼時，個人、公司、組織、政府就會有更大的動機去保護那些生命。在任何情況下，懲罰性損害賠償都有上限，因為最高法院針對「懲罰性損害賠償」對「補償性損害賠償」的允許比例設了限制。[8]

在思考美國的民事司法制度時，回顧不當致死判決的一些起源有不錯的幫助，讓我們先從《聖經》開始看起吧。聖經對於疏忽造成的不當致死，判決極為嚴格。〈出埃及記〉第21章29節說：「倘若那牛素來是觸人的，有人報告了牛主，他竟不把牛拴著，以致把男人或是女人觸死，就要用石頭打死那牛，牛主也必治死。」（如果你知道一隻動物是危險的，卻讓它四處遊蕩，當那隻動物害死人時，你和動物都應該死。）〈出埃及記〉第21章30節繼續說：「若罰他贖命的價銀，他必照所罰的贖他的命。」（受害者的家人可接受生命損失的賠償。）《聖經》以簡潔的句子，把原則（生命的價值反映在剝奪他人生命的權利上）轉化為價碼（生命的價值反映在有待協商的價碼上）。根據《聖經》的律法，受害者的家庭有權決定他們接受什麼樣的懲罰：究竟是「以命償命」，還是「以錢償命」。無論這個系統還有什麼可說的，以下幾點似乎很清楚：受害者的家庭在決定一條生命值多少錢方面，有很大的主導權。若要謹守聖經戒律，〈出埃及記〉的這兩段經文一言以蔽之就是：要錢、還是要命？

美國的不當致死法有部分可追溯到英國法。英國法導入了一個關鍵的細微差別。近一千五百年前，英國法律規定，殺人犯必須對受害者的家庭支付賠償金，那金額與受害者的身分有關。[9] 殺死騎士的賠償金比殺死農民高出許多。後來，一八〇八年，英國的〈貝克訴博爾頓案〉（Baker v. Bolton）開始確立民事審判的法律先例。[10] 在那個案例中，原告與妻子發生馬車事故，丈夫受傷，妻子受了致命傷，承受痛苦一段時間後，不治死亡。陪審團審理案件時所得到的指示是，決定損害賠償金的時候，應該只考慮原告的傷害、失去妻子的陪伴，以及他從事故發生到妻子死亡期間所承受的悲痛。陪審團在討論合適的賠償金額時，並未考慮到那位過世妻子的生命。

〈貝克訴博爾頓案〉中給予的陪審團指示，使英國議會於一八四六年通過《坎貝爾勳爵法》（Lord Campbell's Act）。該法規定，不能對生命損失作經濟賠償。[11] 美國有許多州也通過類似的法律。[12] 美國僅五個州（康乃狄克、夏威夷、密西西比、新罕布夏、新墨西哥）承認，在不當致死案件中，生命的失去是一種損害。[13] 有四十五州不承認生命的喪失是一種損害，這對損害抱持了一種狹隘的觀點，低估了倖存親屬所承受的損失。

在聖經的律法中，死者的生命價碼是由受害者的倖存家人決定。在英國的普通法中，民事審判的賠償金額則不包括生命的損失。這兩種制度的「公平」概念正好相反。

經濟損害賠償對不當致死的賠償金有很大的影響，可能促成以下這些有悖直覺的結論，會讓很多人覺得不人道或至少不公平。例如，我們可以說一個孩子的生命價值是負的，因為撫養與教育孩子以及給孩子的其他經濟支持，往往超過孩子未來服務的經濟價值以及孩子以後對家庭的經濟貢獻。由於孩子的服務和經濟貢獻往往要等到很遠的未來才會實現，孩子的經濟價值算出來比較低。這個概念稱為「折現」，將在下一章探討。現在只要記得，父母今天花在孩子身上的一千美元，遠比二十年後孩子給父母的一千美元值錢。

法院已經承認，「判定兒童不當致死無須懲罰」在邏輯與道德上都有瑕疵。他們有時會在法律框架內作出許多努力，給予兒童死亡案件大量的賠償[14]，通常會是靠大幅依賴非經濟損害賠償。若嚴格套用不當致死的賠償公式，把非經濟損害賠償（例如倖存者的悲傷或痛苦）加到兒童的負數經濟損失中，得出的賠償總額仍有可能驚人地低。正因為精準預測一個孩子未來對家庭的經濟貢獻很難，法院有時會依賴統計平均值。[15]九一一罹難者賠償基金就是採用這種統計平均值，為薩貝斯汀那樣的兒童生命賦予價值。由此可見，該基金深刻地意識到，這樣做對維持表面的公平非常重要。

把焦點放在經濟損失，其實也可能使一個成人的生命價值變負的。[16]這種不人道的結果，不單只是民法理論的產物。二〇一三年的〈瑟斯頓訴紐約州案〉（Thurston vs. The State of New York）就是這個現象在現實世界中發生的例子。[17]勞麗・瑟斯頓（Laurie Thurston）的妹妹雪柔（Cheryl）是一家州立精神病院的住院病人。雪柔有嚴重的殘疾，洗澡時需要一對一的監護。她在無人看管下沐浴，不幸癲癇發作，發現時已昏迷不醒，並於一天內過世。雪柔因嚴重殘疾及住院，沒有任何收入損失。紐約法律允許對受害者承受的疼痛或痛苦進行賠償，但由於雪柔始終沒有恢復意識，法院判定她沒有感到疼痛，也沒有承受痛苦。於是，該訴訟案遭到駁回，也未判損害賠償金。在如此誇張的案例中，不公平的感覺明顯到連法官都評論：「最諷刺的是，如果雪柔是財產、而不是人，原告可以回收她失去財產的價值。本院對於必須執行這項不重視人命先天價值的法律深為反感。」[18]

我們一再看到，過度依賴經濟損失來獲得金錢賠償又期待看到透明的公平處置，是問題重重的。紐約州的民事法律沒有為雪柔消失的生命賦予一個金錢價值，這樣做不僅無法保護她，也無法保護其他沒有為家庭提供經濟價值的人。

阻止雪柔獲得賠償的同樣邏輯，也導致那些靠家人金援的無業老人在過失致死中無法獲得賠償。如果我們考慮到老人與小孩對家庭毫無財務貢獻、男女的收入差距，以及白人男性高居金字塔頂端的種族不平等，就可以看到把焦點放在經濟損失會導致不公平的結論。如果大家普遍知道雪柔這種人的生命價碼是零，他們洗澡時更有可能無人看顧。對許多人來說，法院只看經濟損失，顯示了一個現象：一個人的生命僅限於簡單的金流分析，金流為負的受害者不值得獲得賠償。許多人覺得，這種結論不符合公平與人類尊嚴的基本原則。

這種「某些受害者不值得賠償」的結論，令有些人感到氣結。對他們來說，有一種似乎顯而易見的解決辦法：如果我們肯定生命的非經濟價值（亦即對倖存者的悲傷，以及他們失去死者的愛、陪伴、關懷、指導、養育賦予價值）以及生命本身的內在價值，法院更有可能判定不當致死造成受害者家屬的淨損失，應給予經濟損害賠償。但這種使用更高的非經濟價值和更高的生命內在價值的解決方法，並非毫無局限性。讓一個人的生命價值主要由非經濟價值與內在價值決定，卻沒有確定計算這種價值的方法，等於是讓決策者隨心所欲地判斷正義。這可能使偏見與不公正滲入判決流程中。把同樣的非經濟價值套用在所有生命上，可以消除潛在的不一致性，但當然，這又把我們帶回了前面提過的批評：為九一一罹難者的生命都賦予相同的生命價值，就無法區分失去一個諾貝爾獎得主與一個連環殺手的生命價值。

不當致死的損害賠償法律還有一點充滿限制：賠償只給予法律上承認的家屬。[19]即使受害者有預期的收入，若沒有受撫養的眷屬或配偶，就不會考慮經濟損失。[20]沒有子女的未婚成年受害者可能沒有索賠人，除非他們的父母或兄弟姊妹成功起訴。

想想前面虛構的消防員瑞克。在九一一恐攻發生時，他訂婚了，預定十二月結婚，由於婚禮尚未舉行，他的未婚妻在他死後什麼也得不到。同樣地，艾胥麗與艾妮塔身為同性伴侶，當時還不能在紐約州合法結婚。此外，艾胥麗也不是艾妮塔的撫養眷屬，也沒有從艾妮塔獲得任何經濟資助。艾妮塔過世後，賠償金是歸艾妮塔在印尼的家人，艾胥麗一毛錢也得不到。

大眾往往無法取得民事訴訟的相關資訊，但有一點是確定的：裁決因司法管轄區的不同而有很大的差異，陪審團往往可以對受害者生活中很細微的方面賦予很大的價值。例如，陪審團可能覺得喜歡戶外活動的受害者比喜歡在家看電視的受害者更有價值，這背後並沒有法律依據。[21]

允許法院裁決一個生命的價值，很容易產生不公平，這還有另一個原因。民事審判的判決，有部分會受到法律代理品質的影響：有錢的個人與公司請得起一個法律專業團隊，幫他找出最有可能獲得巨額賠償的陪審員和法律論據。想像兩個相同的法律案例，其中一個原告有大量的資金及比較有經驗的律師；另一個原告很窮，只請得起不太有經驗的律師。我們可以合理地假設，一般來說，較好的律師更有可能促成較好的判決。多數侵權行為律師是收佣金，所以只要訴訟合理，原告應該都能找到律師，但不保證這種律師就是好的。當窮人與富人起用的律師品質差異懸殊時，如果律師承擔了衡量生命價值的重要任務，這種法律體系還算公平嗎？

引人注目的案件往往吸引許多大眾與媒體的關注，被告在民事法庭與輿論論壇上常遭到質疑。在這些高度曝光的案件中，判決不再只是反映以前列出的標準。對被告來說，相較於曠日持久的審判導致他們面臨其他的訴訟或進一步的名譽損害，迅速以巨額和解金結案往往是比較好的結果。

以二〇〇六年肖恩・貝爾（Sean Bell）的命案為例。在貝爾準備迎娶一位育有兩子的女性的當天早上，他和兩個朋友遭到紐約市的警察開了五十槍。市府沒有上法庭，而是和貝爾的家人達成庭外和解，和解金是三百二十五萬美元。由於貝爾是在婚禮舉行前遭到射殺，和解金只能給他自己的孩子[22]，他的未婚妻無法直接獲得任何和解金。事實上，貝爾這個案子正好彰顯出我們目前衡量生命價值的方式，並凸顯出許多公平性的問題。貝爾是個二十三歲的無業男子，賠償的金額遠遠超過貝爾的預期收入，要不是因為這起案件引起廣泛的媒體報導，紐約市可能會以更低的金額和解。在法律的刑事面上，涉案的多名警察都沒有遭到判罪，包括那個開了三十一槍的警察。[23]

其他備受矚目的案件也是依循類似的模式。迦納遭到警察勒斃的案子，是以五百九十萬美元達成和解，那個和解金也與迦納的預期收入沒有關係，當時迦納四十三歲，因販售逃稅香菸而處於保釋出獄的狀態。[24]二十五歲的弗雷迪・格雷（Freddie Gray）在警方拘留期間死亡，當時他的身上掛了二十幾件刑事案件。[25]他的死在巴爾的摩引發了長達數天的抗議與騷亂，案子是以六百四十萬美元和解。有人對那個和解金額提出關切時，巴爾的摩市長回應：「民事和解的目的，是為了幫格雷的家人、社區與城市帶來一個重要的完結，也是為了避免曠日持久的民事訴訟。」[26]簡言之，那大致上與格雷的生命是否獲得公正的評價無關。

上述那些和解金與辛普森案相比，可說是相形見絀。在辛普森的民事審判中，妮可．布朗與高曼的家人獲判三千三百五十萬美元。那三千三百五十萬美元包含付給高曼家族的八百五十萬元補償性賠償，以及付給高曼與布朗家族的懲罰性賠償。不當致死的判決受到加州一項法律的影響，那項法律規定，計算賠償金額時，可考慮被告的支付能力。[27]那個判決金額超越了辛普森的價值，所以主要是象徵性的。

以不當致死的訴訟做為生命評價的例子比較特別。以某人遭到錯誤定罪，後來證明無罪的「非法拘禁」為例，隨著DNA無罪判決的出現，越來越多這種誤判被發現，每個案子都是社會剝奪了某人的自由，剝奪了家人與朋友的陪伴與支持，也削弱了他的專業發展能力。這種人獲釋後，往往沒錢沒房，也沒有保險或前景。讓這種誤判發生的州應該提供賠償，提供溫飽、交通、住房等基本必需品，也提供社會服務，協助這種無辜的人重獲新生。這也是我們衡量生命的一種方式，在這種情況下，我們是衡量生活的品質。然而，事實顯示，美國有十七州沒有冤獄賠償法。[28]

政府有時會設定責任限制，以在經濟上保護被告。例如，九一一恐攻後，國會為航空業訂了一個最高六十億美元的財務責任上限。州政府也可以限制他們在某些情況下的責任，例如錯誤定罪。各州在賠償錯誤定罪的囚犯方面，差異出奇地大。在德州，對錯誤定罪的賠償是每年冤獄八萬美元，外加同樣數額的年金。二〇一七年，佛州允許每年冤獄賠償五萬美元，最高不超過兩百萬美元。路易斯安那州的最高賠償金是二十五萬美元，不管那個人坐了幾年的冤獄。[29]

就像備受矚目的不當致死案件一樣，備受矚目的冤獄案和解金也非常高。紐約市以九百九十萬美元的價格與巴里・吉布斯（Barry Gibbs）達成和解。吉布斯遭到腐敗的警官誣陷，坐了近二十年的冤獄。[30] 一名男子在加州坐了冤獄三十九年，二〇一九年獲得兩千一百萬美元的和解金。[31] 這些巨額賠償與北卡羅萊納州的賠償上限七十五萬美元形成了強烈的對比。亨利・李・麥考倫（Henry Lee McCollum）和李昂・布朗（Leon Brown）都坐了三十幾年的冤獄，卻只領到七十五萬美元。[32]

就像那些被誤判的人一樣，那些不當受傷的人仍活著，他們讓我們看到另一種評價生活品質的原則。雖然沒有統一的資料庫可以檢視與傷害有關的民事判決模式，但是從觀察這些案件，可以看到一些有關生命價值的有趣現象。在大多數的州，人身傷害法的目的是補償受害者，這與不當致死法形成了對比。不當致死法的目的是為了補償受害者的眷屬。在某些情況下，嚴重受傷的人需要終身接受治療，不能再工作，他得到的賠償可能比那些不當致死的人還多。這裡同樣可以舉九一一罹難者賠償基金為例，因為它的最高賠償金是給一位嚴重受傷的倖存者。[33]受傷者的賠償金高於喪命者的賠償金，乍看之下似乎違反直覺，也有點不公平，但這是法律不對生命本身賦予價值的結果。

不當致死法沒有考慮到損失的全部價值，不僅道德上令人反感，也導致有些人的生命獲得的保護較少。當生命遭到低估又保護不足時，不當致死的數量會比經濟學家所謂的「最適」（optimal）狀況還多。雖然不當致死的「最適數字」聽起來很殘酷，但事實上，這類死亡是一定會發生的，民事法庭的作用是向受害者的家屬提供補償，並勸阻其他人造成類似的死亡。當法院判決的生命價碼不夠高時，企業與政府就沒有足夠的動機去投資安全措施。

刑事司法

民事審判讓原告對抗被告，刑事審判則是讓政府對抗被告。一個關鍵區別是，在刑事審判中，政府必須「排除合理懷疑」，讓陪審團相信被告有罪。[34]在研究刑事司法系統如何因應謀殺與車禍致死的事件時，我們可以洞悉社會如何以非經濟的重要性來評價人命。從評價人命的角度來看，一個關鍵的問題是：正義是不是真的盲目？謀殺發生時，無論受害人是誰以及誰犯了罪，起訴是否會繼續進行？許多學者與社會評論家追蹤了美國刑事司法體系中的不平等。美國對待謀殺犯的不平等現象，反映出我們如何評價生命，尤其是我們對哪些生命的重視更勝於其他生命。

刑事司法系統若要懲罰一個殺人犯，必須發生幾件事。第一是蒐集證據，以確定死亡確實是他殺，而不是意外死亡或自殺。一旦案件進入這個階段，就必須進行調查，確定嫌犯。接著，法院必須起訴、審判、定罪、懲罰嫌犯。在謀殺與最終的懲罰之間，有許多因素會阻礙或影響懲罰的嚴重度。這些因素包括確定嫌犯的能力、起訴嫌犯的決定、定罪的能力，以及定罪後的各種量刑。這些變數都會影響罪犯受到的懲罰，也反映出刑事系統如何評價生命。

美國的他殺率遠高於其他的富裕國家。在經濟合作暨發展組織（OECD）的三十六個國家中，只有墨西哥的他殺率高於美國。加拿大、法國、英國的他殺率都是美國的三分之一到五分之一。[35]在美國，槍支遠比其他地方容易取得，擁有槍支的美國人也遠比其他地方還多。美國約有三分之二的殺人案是使用槍支。[36]只有一個OECD國家的擁槍率達到美國的一半。有一種推論是，美國人對槍支所有權的重視，超過了他們對那些槍下亡魂的重視。

你是誰、你認識誰、你住在哪裡，都會影響你在美國被殺的機率。他殺率因許多人口統計因素而異。在美國，十八到二十四歲年齡層的他殺率，是其他年齡層的兩倍多，而且男性被殺的機率是女性的三倍多。[37]年輕男性的他殺率較高，也是其他國家普遍的現象。[38]從二〇一〇年到二〇一二年，美國黑人的他殺率（每十萬人中19.4人）是拉美裔（每十萬人中5.3人）的三倍多，是白人（每十萬人中2.5人）的近八倍。[39]種族因素再加上性別因素，使黑人男性被殺的機率幾乎是白人女性的二十倍。[40]在美國，近15%的他殺案是由家庭成員犯下的，近30%是由朋友或熟人犯下的。[41]

美國整體及特定群體的他殺率高出許多，這掀起了無數的問題，也激起無數作家、調查記者、刑事司法改革者的興趣。不過，在這裡，我的興趣只局限於以下的問題：說到衡量生命的價值（包括謀殺者和受害者的價值），刑事司法系統所採取的原則是一致的嗎？

美國刑法和聖經律法都認為，所有的謀殺案都不一樣。聖經律法在《出埃及記》第

21章20至21節中討論了奴隸生命的價值，它寫道：「人若用棍子打奴僕或婢女，立時死在他的手下，他必要受刑。若過一、兩天才死，就可以不受刑，因為是用錢買的。」這結論很直截了當：如果主人毆打奴隸，導致奴隸立即死亡，主人就要以命償命。如果奴隸過了一、兩天才死，主人就不必受刑，甚至不必賠償。對於「立即死亡」與「幾天後死亡」這種區別，有一種解釋是，也許聖經是想區別故意殺害（受害者立即死亡）和非故意殺害（受害者在一、兩天後死亡）。[42]如果這種解釋是正確的，那其實也反映在現代法律中：預謀殺人的罪責比過失殺人更嚴厲。

同樣地，美國法律也認為所有的謀殺都不一樣。一級謀殺是有預謀的蓄意謀殺；二級謀殺是沒有預謀的蓄意謀殺，是由危險行為導致的殺人，或因罪犯者明顯不關心人命而造成的。[43]過失殺人是比謀殺輕微的罪行，可分兩類：非自願（疏忽造成）和自願（一時衝動及過度挑釁下殺人）。[44]各州的法律也各不相同，不同州對殺人的定義也不同。雖然這些區別對死者來說無關緊要，但是對謀殺者來說卻非常重要。過失殺人罪的刑罰與一級謀殺罪的刑罰不同。有幾個問題的回應方式有助於區分不同類型的謀殺，以及確定其對應的指控與懲罰。

其中一個問題是「意圖」。凶手是蓄意殺人，還是意外殺人？如果是意外，凶手是因為一時疏忽嗎？凶手是因為大發雷霆而失手殺人，還是有預謀的謀殺？

下一個問題是，凶手是否有能力做出理性的決定？凶手是精神病患者，還是有殘疾？凶手有選擇殺人的認知能力嗎？凶手的年齡足以理解謀殺的概念嗎？

另外，還有關於「理由」的問題。凶手是為了自保，還是為了保護他人？

「受害者的政治地位」也是問題。受害者是不是受到國際保護的人，例如外國的外交官或官員？如果是，這種犯罪可能從州犯罪升級為聯邦犯罪，因為政府比較重視那些人，因此他們活著的時候受到較多的保護，萬一他們遭到殺害，也會有比較嚴厲的司法審判。[45]

最後，是考慮「法律地位」與「程序問題」。這起謀殺案是發生在內華達州（有6%定罪的殺人犯被判死刑），還是發生在二十一個沒有死刑的州？[46]從法律觀點來看，每起謀殺案與每個謀殺者所受到的關注顯然都不一樣。其他影響指控與判刑的因素還包括：有多少人被殺、謀殺發生的地點、凶手的背景。這種殺人案的排序等級有一定的道理，但免不了導致執法的不一致。從刑事調查到最後的假釋聽證會或死刑的執行，過程中的每一步都需要做判斷，都有可能因被告和受害者的身分而產生歧視。要公正對待受害者與被告的種族、性別、生活方式、社經階層、家庭地位很難。而且，一貫的偏見顯示，有些生命就是比其他的生命更有價值，因此受到更多的保護。

無家可歸的海洛因成癮者死亡，與重要的政治人物、富商、知名藝術家，或其他的社會賢達死亡，所受到的對待不一樣。弱勢者、與罪犯有關聯的人，或本身就是違法罪犯的人，遭到犧牲的風險比較高。[47]也有可能是警察認為這些人比較不值得他們關注。[48]最受同情、最受警方保護的受害者包括：虛弱的人、案發時參與體面活動的人、案發時身處在體面或安全地點的人、被陌生人襲擊的人、被大家眼中的壞人襲擊的人、大家認定的受害者。[49]關於警方對某些受害者的關切多於其他的受害者，這種觀感可不是空穴來風，凶殺案調查人員受訪的內容證實了這種現象。他們在受訪時表示，他們認為「真正的受害者」是碰巧在錯誤的時間出現在錯誤的地方。這與那些在危險地點從事犯罪活動時遭到殺害的人，形成了強烈的對比。[50]雖然這種軼事類的證據不該受到重視，但有統計證據支持這樣的事實：當受害者是黑幫分子、毒販、參與非法活動、或有犯罪前科時，破案率顯著較低。[51]這些較低的破案率可能多多少少反映了社會的觀感：社會比較不重視這些生命。

更廣泛地說，我們很難低估媒體在引起大家關注某些人的死亡所產生的效果，以及警方在分配人力以解決大眾最關注的犯罪方面所做的相對反應。以卡琳娜·維翠諾

（Karina Vetrano）為例，她是位年輕貌美的白人女子，在離家不遠處慢跑時遭到姦殺。媒體對這起謀殺案的報導，遠遠超過紐約市那一年發生的其他三百三十四起謀殺案中的任一件。[52] 後來促成定罪的審判證詞顯示，紐約市警局因大眾特別關注這起案子，找來約百名的偵查人員，成立了一個調查小組。[52] 這起謀殺案正是那種引起警方高度關注的典型例子，具備了此種案例的諸多面向。當年發生的數百起其他謀殺案所獲得的警力關注，只有這起案子的一小部分比例。[53]

歸納破案率的資料後發現，受害者是婦女與兒童的案件，破案率最高（雖然其中有些差異可能是謀殺的環境造成的）。關於不同種族的破案率是否不公平，目前並沒有確鑿的證據，但是當受害者的生活方式有冒險、犯罪或吸毒前科時，這類案子的破解率較低。

警方找到嫌疑犯後，政府需要決定是否起訴，而如果要起訴，要以什麼罪名起訴。如果殺人有正當的理由（例如出於自衛或保護他人），就不會起訴。「正當殺人」是一種正式的認可，認可一個人覺得「自己的生命比威脅者的生命更有價值」是合理且合法的。

佛羅里達州有一項「堅守陣地法」（stand-your-ground law），允許一個人有理由相信使用武力可以「防止死亡或嚴重的身體傷害」時，就可使用致命武力，不必退讓。佛羅里達州決定不起訴齊默曼謀殺馬丁時，原本引用了這條法律。後來證據顯示，齊默曼無視警方調度員的指示。這點導致大眾質問，他究竟是「堅守陣地」，還是光憑「種族貌相判定」（racial profiling）煽動了他與馬丁的對立。雖然我們永遠無法確切知道真相，但如果案件是發生在一個沒有「堅守陣地法」的州，可能會有非常不同的判決。

非正當殺人可能衍生多種指控（從「過失殺人罪」到「一級謀殺罪」）。車禍致死案是指駕駛以外的個人因駕駛疏忽大意或蓄意謀殺的開車方式而死亡的罪行。在車禍致死案中，受害者可能是與肇事者同車的乘客，也可能是不坐在肇事駕駛車內的人（例如行人、單車騎士，或另一輛車的駕駛或乘客）。這表示受害者可能比謀殺案的受害者更隨機，更有可能被認為是碰巧在錯誤的時間出現在錯誤地點的「真正受害者」。

儘管車禍致死的受害者有較高的隨機性，但這類判決依然有不平等的現象。如果受害者是黑人或男性，肇事駕駛獲判的刑期較短[54]；如果受害者是無業人士，肇事駕駛獲判的刑期也比較短。後者的現象也與以下的事實相符：無業者意外死亡的民事賠償，低於有收入就業者意外死亡所獲得的賠償，因為損失的收入是決定價碼的主要考量。說到車禍致死，黑人與無業者的生命價值較低，所以受到的保護較少。

死刑是一種充滿爭議的判決，美國有許多熱情的支持者與反對者。國際上，死刑不是常態，多數的國家若非不允許對任何罪行判處死刑，不然就是在實務上不處決公民。[55]二〇一七年，世界上有二十三個國家執行了死刑。美國的件數位居第八，中國、伊朗、沙烏地阿拉伯、伊朗高居前四位。[56]美國是美洲國家組織（Organization of American States，有三十五個成員國）中唯一有死刑的國家，也是歐洲安全與合作組織（Organization for Security and Cooperation in Europe，有五十七個成員國）中有唯二有死刑的國家之一。顯然，在看待死刑的態度上，美國與其他的高收入國家不同。

在美國，死刑在三十一州是合法的。在這些州，司法系統有權在「允許罪犯繼續生存的價值」與「終止罪犯性命的效益」之間權衡。判處死刑時，該州是認為結束罪犯的生命對社會有較大的效益。這並不是說判處死刑比終身監禁省錢。事實上，一些研究顯示，執行死刑的成本遠遠高於不執行死刑的類似案件。死刑案件的費用較高，是源自於起訴、辯護、上訴等費用的增加。[57]

死刑通常是判於謀殺案上，但有些州的法律也允許把死刑判於毒品走私、嚴重性傷害、綁架、劫機、強姦兒童上。[58]即使一州沒有死刑，聯邦罪行也可能判處死刑。焦哈爾．查納耶夫（Dzhokhar Tsarnaev）受審的案子就是一例，他是波士頓馬拉松爆炸案的襲擊者之一。雖然他是在沒有死刑的麻州犯罪，但在波士頓的聯邦法院被判處死刑。

許多研究顯示，在受害者是白人、謀殺者是黑人的謀殺案中，比較可能判處死刑。[59]全美來看，受害者是白人、被告是黑人的死刑率最高；受害者是白人、被告是白人的死刑率第二高；受害者是黑人、被告是黑人的死刑率最低。[60]

高死刑率可能是因為案件之間在以下四個步驟上有所差異：大陪審團決定起訴，檢察官決定指控被告蓄意謀殺，地方檢察官決定求處死刑，陪審團決定判處死刑。[61]德州是最適合分析這四個步驟的地方，因為二〇一一年至二〇一四年間，德州執行的死刑數量約占全美的三分之一。[62]哈里斯郡（Harris County，位於大休士頓都會區中）是德州死刑案的中心，一九七六年至二〇一五年執行了一百一十六起死刑。[63]哈里斯郡的地方檢察官在受害者是白人時，比受害者是拉美裔或黑人時，更有可能求處死刑。[64]儘管黑人受害者比其他受害者更有可能在多人命案中遭到殺害，但在求處死刑方面仍有這種種族差異。這進一步證明，當受害者是黑人時，求處死刑的門檻比較高。

在俄亥俄州，謀殺者為黑人男性、受害者為白人女性的殺人案中，有15%判處死刑。[65]相較之下，在謀殺者是白人女性、受害者是黑人男性的二十起案件中，沒有一例判處死刑。更普遍地說，統計分析顯示，當受害者是女性或白人或兒童（小於十二歲）時，判處死刑的機率較高。如果凶手是陌生人，判處死刑的機率又更高了。

北卡羅來納州謀殺案的分析也顯示類似的結果。[66]受害者是白人的謀殺案比較可能判處死刑。此外，如果受害者有參與犯罪，死刑較少見。這兩種現象都和破案率的資料一致。

判刑中的種族不平衡現象，也獲得了以下事實的佐證：黑人遭到誤判的比例過高。國家免罪登記處（National Registry of Exonerations）指出，在「謀殺定罪」這個情況下，「無辜黑人被判謀殺罪的機率，是無辜白人的七倍」；被判謀殺罪的囚犯中，黑人囚犯其實是清白的機率比其他囚犯高了50%。[67]

種族不平衡導致一個明確的結論：儘管奴隸制早在一百五十多年前就終結了，後來又出現民權運動、有歷史意義的立法，而且現在到處都有為所有美國公民爭取正義的宣言，但刑事司法系統對黑人性命的保護依然不如白人。

這些都是根據大量觀察所得出的統計現象，但總是會出現幾個突出的例外。例如，儘管辛普森是黑人，被控殺害一對白人男女，但法院判定他的一級謀殺罪名不成立。他花大錢聘僱的律師團隊，為他打造出一場精心策畫的辯護案，那是依賴公派辯護律師的原告所無法複製的。

此外，州政府也常擺明暗示，某些生命就是比其他的生命更有價值，因此值得更多的保護。例如警察、消防員、民選官員都被賦予了特殊權利與優惠待遇。在加州，謀殺警察的刑罰比其他謀殺案的刑責更嚴厲。康乃狄克州有特別的條款，保護執勤的執法人員、治安官、監獄雇員、消防員的生命。[68]為從事這些職業的人提供額外的法律保護，可能反映了這樣的概念：這些人因職業而面臨更大的風險。或者，也可能表示：社會覺得他們的生命比其他人的生命更有價值。謀殺這些人的刑責比較嚴重，表示他們的死亡對社會來說是比較大的損失，比不從事這些職業的專業人員（例如教師、社工、醫護人員）的死亡更嚴重。對這些公職的生命賦予更多的保護，可能是因為他們在社會中扮演重要的角色，也可能有其他的解釋。不管理由是什麼，事實依然是，社會根據一個人從事的工作，對他的生命賦予不同程度的法律保護，也相對地賦予他的生命不同的價值。相較於該州認為不太值得保護、因此價值較低的生命，如果法律直接規定那些從事某些職業的生命應該獲得額外的保護，那就直接挑戰了「正義是盲目的」這個概念。

不僅這些公職的生命比其他的生命更有價值，他們採取暴力行動時，也比較不會受到懲罰。二〇一八年，據報導，美國有九百九十八人遭到警察開槍射殺。二〇一五年、二〇一六年、二〇一七年也有類似的數字。[69]警察殺人鮮少遭到起訴。在一九七七年至一九九五年間，紐約市警局沒有一位警察因執行職務時開槍殺人而遭到定罪。[70] 二〇一五年，有一百多起警察殺死徒手黑人的案件，其中僅一位警察因此被判入獄。[71] 通常，那是因為大家認為那是正當殺人。警察可以合法且合理地使用致命武力的情況，遠遠多於一般百姓可使用的情況。

警察執行勤務時殺害公民，卻很少遭到定罪的另一個原因是，地方檢察官指控警察時，容易產生利益衝突。[72] 畢竟，地方檢察官工作時，必須與警方密切合作，因此起訴警官可能妨礙他們日後有效工作的能力。由於美國普遍貶抑某些生命的價值（主要是窮人和非白人的生命），這也難怪，即使驗屍官的報告指出迦納的死亡是他殺，潘塔萊奧警官並未因為勒死迦納而遭到起訴；涉入貝爾命案的所有警察也都沒有遭到定罪。[73] 如果潘塔萊奧警官勒死的是社會比較重視的生命，例如一位知名有錢的白人搖滾明星，而不是一個貧窮的黑人，他受到的法律懲罰可能大不相同。

司法體系的兩方面——民事方面與刑事方面——顯然對每一條生命的評價都不一樣，因此對每一條生命的保護也不平等。

民事法庭的判決對某些生命的評價高於其他生命，甚至對有些生命賦予負值。在備受矚目的案件中，原告得到的賠償比較多，賠償金額也因州而異。高收入者的家庭比低收入者的家庭獲得更多的賠償。據估計，美國白人家庭的平均淨資產是黑人家庭的十三倍左右，白人家庭的收入中位數比黑人家庭高了60％以上。[74]收入與財富方面的種族不平等顯示，平均而言，黑人死亡的民事賠償金遠低於白人死亡的賠償金。換句話說，由於白人的收入比黑人多，當其他變數一樣時，民事審判賦予白人生命的價碼往往高於黑人。

在刑事方面，法律明顯對警察及其他公職的生命評價較高。此外，儘管法律表面上對受害者的性別、種族、社會地位、犯罪史視而不見，但現實顯示，司法並非盲目的。平等保護可能是這個國家的成文法律，但資料清楚地顯示，檢察官決定怎麼起訴一項罪行及求處什麼刑責，是看受害者是誰而定，有時也看謀殺者是誰而定。法律體系中的所有行為者（包括警察、檢察官、法官、陪審團），都在這種不平等現象中軋了一角，導致一些生命的評價與保障比其他生命多。

民事判決與刑事判決反映了司法制度對生命的金錢價值與非金錢價值的評估，這又進一步反映了「公平」與「平等」原則支配司法制度的程度。同樣地，環保署與聯邦航空總署（Federal Aviation Administration，FAA）等監管機構開發了成本效益分析，其中的關鍵輸入資料反映了國家監管體系對人命價值的評價，以及所有公民的生命是否受到同等對待。我們將在下一章看到，司法與監管體系都顯示政府部門如何把人命價碼納入他們的工作中，以及他們如何使一些生命的價值遭到低估，因此保護不足。

第四章　你的水裡多了一點砷

ACME是一家虛構的燃煤發電廠，位於密西根州，該州如今仍有約一半電力來自燃煤*。它是一家建於一九七〇年代初期的中型電廠，主要是採用從懷俄明州以鐵路運來的煤炭。這家電廠雇用了四十五名全職員工。儘管利潤持續下滑，業主身為第四代的密西根人，仍持續支持當地的女子曲棍球隊。由於有來自天然氣競爭對手的定價壓力，再加上美國環保署即將推行的新法規，ACME的事業前景充滿了不確定性。環保署的法規決策對ACME附近居民的健康，以及ACME的業主、員工及其家人的生計都有影響。法規若大幅提高成本，將會降低ACME的獲利能力，可能導致業者關廠、遷廠或裁員。但環保署之所以推行法規，也是為了帶來一些效益，包括維護那些受到ACME污染物影響的居民健康，以及延長他們的壽命。

環保署與其他監管機構是使用成本效益分析來確定，實施更嚴格的監管所獲得的利益是否大於成本。人命常因為遭到輕忽而得不到足夠的保護，尤其聯邦法規對這種風險的評估更是模糊。無論我們談論的是燃煤發電廠的廢氣排放，還是飲用水中允許的砷含量，人命價碼都直接嵌在美國監管系統的日常運作中。關於如何在企業的短期獲利與大眾安全之間拿捏平衡，這類爭論常導致監管機構與產業支持者陷入對立。其他常見的爭論還包括不同產業之間的競爭（潛在的監管可能對它們產生幫助，也可能對它們造成傷害），以及老字號的業界領導者與顛覆產業的新進業者之間的競爭。這些爭論引起大眾關注時，決定一項監管是否划算的計算往往是以具體的科學來表達。然而，成本效益分析其實可以透過有意或無意的選擇來輕易操縱。這些選擇的結論可能高估或低估監管的價值，這就是所謂的「偏估」（biased estimates）。刻意做成偏估（亦即「操弄」）及無意的選擇都會影響分析的結果。這些刻意的考量及無意的選擇，往往使人命暴露在不必要的風險中。

這類監管機關計算成本效益時，會考量許多因素。「統計生命價值」的美元金額，以及對當前生命與未來生命的相對價值所做的假設，通常是其中最重要的兩項考量。為了確保生命獲得適當的保護，而不只是企業追求利潤下的賭注，大眾倡議者、消費者監督團體、一般大眾都必須提高警覺，密切追蹤監管機構及產業倡議者提出的論點與證據。這一章將提供必要的基本見解，幫大家確實這樣做。

聯邦法規，無論監管哪個產業，通常是遵循類似的科學標準，並將成本效益分析的重點放在受影響的人群上，而不是確定的已知個體生命上。因此，無論是食品藥物管

＊作者註：本文出現的所有角色與單位皆屬虛構，是為了說明而設計。如與真人或實體雷同，純屬巧合。■

理局（FDA）、聯邦航空總署（FAA）、職業安全健康局（Occupational Safety And Health Administration，OSHA）、還是環保署發布的法規，它們用來證明法規合理性的商業案例，往往是採用類似的分析方法。[1]法規草擬與全面的政策實施，通常是由行政管理和預算局（Office of Management and Budget）下屬的「資訊與監管事務辦公室」（Office of Information and Regulatory Affairs，OIRA）負責監督。OIRA的部分任務是「對效益與成本進行量化與質化的核算」，同時也「承認某些效益與成本很難量化」。[2]這項任務是雷根政府發布的第12291號行政命令，後來柯林頓總統發布的第12866號行政命令以及歐巴馬政府發布的第13563號行政命令陸續修改了這項任務。[3]

OIRA為成本效益分析所制定的官方原則，看似合理且公平，但問題潛藏在細節中——特殊利益團體往往對細節有不當的影響。成本效益分析很容易遭到操弄，導致結果扭曲，這一切端看政客、官僚、產業專家、特殊利益倡議者的影響力而定。簡言之，各方皆有不同的假設，那些假設反映了各自的優先考量與利益。因此，成本效益分析的關鍵假設與資料輸入可能因機構、研究者、既得利益者的不同而大相逕庭。例如，ACME的業主顯然希望避免實施成本高昂的環保法規，但生活在ACME電廠下風處的居民顯然希望這類立法趕快施行，因為他們希望呼吸的空氣不會損害健康。

成本效益分析可以考慮公平性、生活品質，以及其他難以量化的因素。然而，正因為它們難以量化，這些因素往往很少納入考量，有時甚至完全遭到忽略。相反地，監管機關計算成本效益時，可量化的價值（例如可預防的死亡人數與統計生命價值）往往是影響效益的關鍵因素。

為了更深入了解特殊利益團體如何影響成本效益分析，這裡有必要瞭解分析的複雜性。成本效益分析自一九三〇年代以來一直是美國監管工具的一部分，那是一種系統化的流程，用來計算及比較決策、專案或政策的成本與效益。[4]成本效益分析的標準方法行之有年，是依循一套明確定義的步驟[5]：

1. 找出考慮的可能法規（包括無法規／「不做」的選項）。
2. 決定誰有立場（誰的成本與效益需要考慮）。
3. 選擇衡量指標，並對成本與效益進行分類。
4. 量化預測隨著時間推移的成本與效益。
5. 為每一項成本與效益指定一個美元價值，把所有的影響加以貨幣化。
6. 以折現法把時間的流逝納入考量，藉此算出每項成本與收益的現值。

7. 把步驟6中的每一項加總起來，算出每項可能法規的淨現值。

8. 進行敏感性分析。

9. 推薦一個選項。

我們在檢討上述步驟時，會強調這種標準算法中有幾個值得關切的重點，包括價碼的作用、公平性的考量，以及特殊利益團體可能影響分析的哪些方面。在成本效益分析中，一些最重要的決定是發生在最初幾個步驟。在找出可能的法規時，就界定了選擇的廣度。例如，如果法規是定義飲用水中容許的毒素含量，可能考慮的法規就與可能允許的不同濃度有關。如果考慮的可能法規是低於5ppm、10ppm或20ppm不等，那麼限制更嚴苛的規定（例如低於0.1ppm）就不在考慮範圍內。可能的法規是拿來跟現狀（法規的當前狀態）比較。

假設你在環保署任職，負責設計一套成本效益分析，以確定燃煤發電廠與天然氣發電廠的排氣中可接受的碳、二氧化硫、氮氧化物的濃度。你需要找出一組可能的排放濃度，包括達到那些濃度的時間表，以便在成本效益分析中做測試。這些可能推行的新規定應該與當前允許的排放濃度做比較。這種分析不是在真空中進行，發電廠資助的遊說人士與研究人員會想辦法讓分析朝有利其產業的方向發展。除了發電廠，還有其他的群體也會受到法規的影響，包括住在發電廠附近的氣喘兒童、試圖養家糊口的懷俄明州煤礦工人，以及競爭對手（燃氣發電廠）的員工。

由於發電廠這個產業的目標是盡量減少成本高昂的法規，它的支持者會主張，增加監管將導致成本高昂及減少效益。這些產業支持者可用幾種方法來影響成本效益分析，使它朝著有利自己的方向發展，例如限制有資格表達立場的人數（那些可能從減少燃煤發電廠排氣中受益的人）；針對更嚴格的規定所要求的清潔器及碳捕獲法，刻意高估採用這些作法的成本並提交給環保署分析；質疑那些支持「改善空氣品質有益健康」的科學論點；建議採用較低的「統計生命價值」；採用較大的折現率，使短期成本高於未來效益。

一旦制定了一套可能的法規，監管機構需要決定哪些人的成本與效益應納入分析。分析可以在地方、州、地區、國家或國際層級進行。決定誰有立場表達意見很重要，如果定義過於狹隘，那些受到傷害或受益的群體可能會被排除在分析之外。

當一種作法的負面後果跨越國界時（比如風把排放的廢氣吹過邊界），受害群體遭到忽視的問題變得顯而易見。造成跨國環境影響的國家法規一向容易引發爭議。當一家工廠排放的污染物對鄰國民眾的健康產生負面影響時，只有當那些外國人有資格表達立場的時候，那些影響才會被考慮。如果分析不把外國人的立場納入考量，他們的健康受損及死亡風險增加就會完全遭到忽視。

ACME的工廠靠近加拿大邊境。做成本效益分析時，如果也把加拿大人的立場納入考量，加強監管所拯救的加拿大與美國人命都會出現在算式的「效益」那邊。這會提高效益的估值，也因此使更嚴格的法規所帶來的更高成本變得更合理。如果不把加拿大人的立場納入考量，加強監管的效益較小，嚴格監管所產生的更高成本就比較難合理化。

ACME是虛構的電廠。現在我們來看一個實際的例子。如今的成本效益分析中，並未把許多受到氣候變遷影響的人納入分析，因為他們生活在排出最多溫室氣體的國家之外，所以該國的成本效益分析並未考慮到他們的立場。立場的取捨應該是看是否受到專案或法規影響而定，這表示法規有時需要從地方層級、州層級、國家層級或國際層級來分析。

在確定誰有資格被納入考量後，分析人員接著會找出所有的輸入與輸出資料——這裡只考慮那些有資格的人所受到的影響。這是成本效益分析的關鍵時刻，因為沒有列出的輸入與輸出資料不會直接計入分析。輸入與輸出資料不僅應該包括對財務項目（例如收入、商品與服務的消費）的影響，也應該包括對環境、健康、犯罪、生活品質等多元項目的影響。

找出可能的法規、誰有資格被納入考量、輸入與輸出的資料之後，接著必須量化每個可能法規隨著時間推移所產生的影響。在考慮這項法規是否應該把污染濃度限制在5ppm、10ppm或20ppm以下時，我們需要為這三種可能的選項以及當前的法定標準，估算需要的輸入及衍生的輸出。

預測落實新規定的成本，通常比預測新規定的影響來得容易，因為落實規定的相關步驟往往比潛在影響更清楚。例如，如果規定的目標是降低ACME等發電廠的可接受排放量，那就必須估算實施及操作碳捕獲機制與清理器的成本。然而，如果建議的法規是新的或無先例可參考，估計成本會比較困難，往往不是那麼精確。成本估算是既得利益團體常利用的利器。不希望法規生效的人容易高估監管的成本，低估監管的效益，誇大監管可能造成的經濟困難。支持監管的人則容易低估監管的成本，高估監管的效益。

實施法規的成本通常是高估居多[6]，這可能是因為分析者未能預見技術的進步。然而，高估可能也反映了產業遊說者的影響，就像ACME這個例子所示，高估減少空污的成本時，這些遊說者從中獲益良多。不難看出，產業說客可能對這個過程發揮不當的影響力。畢竟，許多美國大公司付給說客的錢，比繳給聯邦政府的稅還多。[7]公司把遊說活動視為影響政策與決策的商業投資，那種投資往往會產生很高的報酬。[8]

在效益方面，影響通常不是那麼透明，比較難闡明及量化。[9]預期的效益不僅需要包括金錢效益，還需要包含改善健康、改善生活品質、減少死亡風險、保護生物多樣性、更廣泛的環保影響等非金錢的效益。監管越複雜或越獨特，就越難精準地預測其後果。一般來說，預測的時間越長，因果關係越不明確，影響大小的準確性越低，因此更難把效益與監管的因果關係準確地連在一起。想像一下，一位分析師試圖合理估算，單車車道或碳排放的新法規對二、三十年後民眾健康的影響，他會面臨哪些挑戰。

在預測及量化所有法規的長期影響後，每個影響都需要貨幣化。某些影響（例如經濟成長）已經以美元衡量了，雖然預測中有不確定性，但沒必要把它們轉換為貨幣單位。在燃煤與天然氣發電廠的規定中，像洗滌塔之類的排放控制技術的成本也已經以美元衡量了。

相較之下，對人體健康與生活的影響則需要貨幣化。這些影響需要標上價碼，這也是「統計生命價值」再次出現的地方。不過，我們將會看到，這裡的用法不是經濟學家一般描述的那樣。回想一下，統計生命價值應該代表一群人願意為減少死亡風險而支付的金額。這個價碼無論是九百一十萬美元，還是其他的數值，都是用風險的概念估算的。在估算那個數字時，經濟學家並沒有直接要求大家評估生命（或死亡）本身的價值。然而，分析者做成本效益分析時，常忽視「死亡風險」和「死亡」之間的區別。[10]

行政管理和預算局的指示中，明確規定了處理這個問題的方式。它要求各監管機構，不能從「降低死亡風險」的那一刻開始計算效益，而是從「避免預期死亡」的那一刻開始算。相較於降低風險，避免死亡的時間點是在更遙遠的未來。[11]統計生命價值的定義與實際應用明顯不同——這充分顯示在這些計算公式的背後，技術問題有很大的影響。分析者以避免了預期死亡的那一刻來計算統計生命價值，造成了很大的轉變。降低風險（估計統計生命價值的基礎）是立即發生的，而避免死亡往往是幾十年後才發生。當效益延遲數十年才記錄時，法規的總效益會因折現而大幅縮減（在「折現」這個概念下，現在的一千美元比未來的一千美元更有價值）。

前面提過，不同的美國政府機構使用不同的人命價碼，大多是落在一命八百萬至一千萬美元之間。[12]這些價碼不僅凸顯出估算人命價值涉及許多理論與實務的局限，也顯示估算可能因性別、收入、種族、職業、是否加入工會、個人風險承受力、估算時間而異。[13]由於估計統計生命價值涉及諸多差異來源，各政府機構間使用同樣的人命價值是比較符合邏輯，也比較合情合理的作法。OIRA的前管理員凱斯·桑思汀（Cass Sunstein）也支持這個論點。[14]

確保所有的機構都使用相同的價碼，也可以避免監管機構為不同的人群指定不同的生命價值。前面提到的「老人死亡折扣」就是這種行為的明顯例子。在二〇〇四年出版的《無價》（*Priceless*）一書中，法蘭克·艾克曼（Frank Ackerman）和麗莎·海因澤林（Lisa Heinzerling）討論了環保局曾試圖把七十歲以上老人的生命價碼定得比未滿七十歲者還低，這樣做顯然不平等，而且毫無事實依據——老人並不會覺得他們的生命比年輕人廉價。後來環保署在引發眾怒後，終於退縮。同樣地，政府間氣候變遷專門委員會（IPCC）曾試圖根據國家財富來指定各國人命的價值，後來也被迫放棄。[15]人命價碼因不同族群而異時，會導致價值較高的生命獲得較多的保障，因為拯救那些生命可帶來較多的經濟效益。想像一項法規的提議可以挽救五百條人命，每條人命的價值是一千萬美元，或是挽救六百條生命，其中三百人的人命價值是一千萬美元，另外三百人的人命價值是五百萬美元。第一種方案挽救的生命少了一百人，但是經過成本效益分析後，仍會推薦這個方案，因為方案一中的生命總價大於方案二。這種以不同方式評價生命的結果非常不公平。賦予每條人命一樣的價值不僅是最簡單、最合乎邏輯的作法，也可以避免分析者賦予不同族群不同的價值所衍生的負面後果。這個結論與九一一罹難者賠償基金的費恩伯格所得到的結論一致，他認為在決定如何分配未來資金時，所有的生命都應該平等看待。

更廣義地說，做為人命價碼的「統計生命價值」對成本效益分析的結論有很重要的影響。希望阻止法規施行的人，通常會鼓吹大家使用較低的人命價值，以壓低預期的利益。那些支持法規施行的人，通常會鼓吹大家使用較高的人命價值。

統計生命價值是套用在死亡率上，但成本效益分析中也應該考量影響人命的其他因素，包括發病率的降低、傷害的減少、焦慮的減少、生活品質的提升。攸關健康及生產力的效益也應該貨幣化，包括預防過早死亡、減少急診室就診、減少住院及損失的工作日等等。[16]法規的其他結果（例如環境影響）也應該量化及貨幣化。

從更廣泛的角度來看，非人類物種（包括西點林鴞、禿鷹、鯨魚，以及大家不是那麼關注的其他動物）也會受到環保法規的影響。這些影響都需要貨幣化，並納入成本效益分析。

桑思汀在《成本效益分析的變革》（*The Cost-Benefit Revolution*）一書中，開篇就指出成本效益分析的優點。在書末，他的結論是，成本效益分析有很大的局限性，包括在以下層面上：拯救極大量或極少數人命的議題；失業效應；小額經濟損失對大量人口的影響；強烈的情緒反應；增加便利與輕鬆等效益；涉及不完整知識的情況；難以量化的面向，例如尊嚴、公正、公平；可能導致損害不可逆轉的行動。[17]

回想一下，一些經濟學家估算統計生命價值的方法是：問大家願意花多少錢來降低風險。這種方法顯然有局限性，但我們估算保護動植物的價值時，卻常用這種方法來貨幣化保育的價值。如果估計顯示沒人願意為保護某一物種付費，在成本效益分析中，保護該物種的價值就是零。支付的意願反映了現今受訪者的優先要務與價值觀，而不是未來世代的優先要務與價值觀。由於我們不可能穿越到幾十年後的未來去問未來世代的意見，再回到今天，經濟學家做成本效益分析時，通常假設今天的價值與未來的價值是一樣的。[18]

這裡值得反思一下，採取這種「以現今的優先要務為重」的人本觀點有什麼局限性。本書都是從人的角度出發——也就是說，即使我們是討論其他非人類生命的合適價碼，那種生命的價值也是根據我們人類對牠的重視程度而定，這是假設動物本身沒有內在價值。觀點、優先要務、公平程度、價值觀都會隨著時間而變。幾十年前大家普遍接受的態度與行為標準，如今大家可能覺得很狹隘，不可接受，甚至是野蠻的，至於幾百年或幾千年前的事情，那就更不用說了。同樣地，未來世代看我們評價動物生命價值的人本觀點，可能也會覺得很不文明。他們可能質疑，為什麼我們會覺得有些動物（比如熊貓、北極熊、狗、老虎）遠比其他數百萬種動物來得重要。

成本效益分析有一個先天的缺陷：不是每個重要的影響都可以量化或貨幣化。這是一個關鍵的限制，它導致重要的東西遭到忽視或低估。當影響無法量化（例如新法規能防止多少次恐怖攻擊？）或數量無法貨幣化（例如提高美國特定族群的生活品質值多少錢？）時，成本效益分析能使用的工具很少。在這些情況下，分析者可以做損益兩平分析（breakeven analysis），計算法規要帶來多少好處才值得施行。在法規方面，損益兩平分析是立論依據比較弱的方法，因為它是算出一個效益門檻，而不是一個有美元估值的淨現值。直覺上，損益兩平分析顯然不像能精確量化及貨幣化影響的分析那麼有說服力。當一項法規的關鍵影響無法貨幣化，因此必須使用損益兩平分析時，由於支持的證據比較薄弱，它不太可能在成本效益分析中過關。

此外，成本效益分析應該包括詳細的敏感性分析。敏感性分析是指系統化地找出一系列關鍵的輸入參數與假設之間的關係，例如折現率與對應的成本效益分析結論。監管機構應為輸入參數檢查一系列看似合理的假設，然後算出結果的範圍。這種系統化的敏感性分析可以讓監管機構展現分析的穩健度，並具體指出從成本效益的角度來看，在哪些輸入參數與假設下，提案是合理或不合理的。

把所有的影響加以貨幣化之後，分析者可以估計不同時間下的成本與效益的美元價值。產生成本及獲得效益的確切時間點很重要。想像一下，你有兩種投資選擇，兩者的原始投資額都是一萬美元，最後都收到一萬一千美元。但第一個投資選擇是十年後付你一萬一千美元，第二種投資選擇是明年付你一萬一千美元。顯然，第二種選擇比較好，因為你只要等一年而不是十年，就可以拿回一萬一千美元，你可以把那筆錢用於消費或再投資。你不必做任何計算，就可以明顯看出第二種選擇讓你賺得比較多。雖然直覺是很好的起點，但以「折現」來公平地比較投資與金流是很重要的。折現的應用領域很廣，從成本效益分析到公司的財務預測，再到個人的投資規畫，都可以套用折現概念。[19]當財務成本與效益分散在不同時間點時，折現是用來比較投資選擇的標準方法。把折現概念運用在成本效益分析中，對分析結論非常重要。

折現與複利的概念正好相反。個人儲蓄帳戶就是一種複利的概念。今天你把一千美元存入一個每年複利 3% 的儲蓄帳戶，一年後帳戶餘額會是一千零三十美元。你從最初的一千美元中獲得了三十美元的利息。第二年之後，帳戶裡會有 1,060.90 美元。在第一年與第二年之間，你從原本的一千美元多賺了三十美元，也從第一年的利息三十美元中又多賺了 0.90 美元。

從這個複利的例子中可以明顯看出，今天得到的一千美元比一年後得到的一千美元更有價值，因為今天得到的一千美元可以拿去投資。於是，這衍生出一個問題：一年後收到的一千美元，在今天是值多少錢？利用計算複利的公式，我們可以用 3％ 的利率來折現一年後收到的一千美元，算出今天的價值約 970.87 美元。所以今天的 970.87 美元是一年後的一千美元的現值（present value）。

把預測的成本與效益加以折現，就可以把分散在各個時點的金流都轉化為單一的度量單位：現值。折現就是在數學上調整未來金流的價值，以表示貨幣的時間價值。時間越長，折現對現值的影響越大。以每年 3％ 的折扣率來算，一年後的一千美元相當於今天的九百七十美元。用同樣的折現率來算，十年後的一千美元相當於今天的七百四十四美元，二十年後的一千美元相當於今天的五百五十四美元。

更廣泛地說，越久以後才獲得的效益，它的現值越低。使用折現率對政策有很大的影響。例如，使用折現率意指，「只要災難發生在夠遙遠的未來，社會就不值得在今天花點錢去避免未來可能破壞經濟的環境災難」[20]。

改變折現率可以產生很深遠的影響。回想一下，折現率是3％時，一年後的一千美元，現值是970.87美元。把折現率提高到5％，現值就降至約九百五十二美元。把折現率降至1％，現值約為九百九十美元。現值對折現率非常敏感，折現率越高，現值越低。時間拉得越長，折現率變得越重要。同樣地，儲蓄帳戶的未來餘額也是由利率和儲蓄時間的長短來決定。〈表一〉歸納了未來十年、五十年、一百年收到一千美元的現值，折現率是介於1％～10％之間。

數學的折現再次證實了我們對前述兩種投資選擇的直覺判斷。它反映了一種觀念：今天給定某個數量的可用資源，比將來獲得相同數量的可用資源更有價值。

折現並非毫無不確定性，最基本的問題之一是如何挑選一個適當的折現率。在這種計算中，可用的折現率很多，每一種折現率都有其理由與局限性。[21]既然折現率的選擇是否恰當是一個有待商榷的議題，我們更應該注意折現率對現值的

表一　現值、折現率、未來年份之間的關係

	未來年份		
折現率	10年	50年	100年
1%	$905.29	$608.04	$369.71
4%	$675.56	$140.71	$19.80
7%	$508.35	$33.95	$1.15
10%	$385.54	$8.52	$0.07

影響。這表示折現率越高，有短期效益的法規更有可能獲得支持，有長期效益的法規則比較難獲得支持。簡言之，折現率越高，思維會變得越短視近利。ACME聘請的遊說者可能會鼓吹更高的折現率，這樣一來，未來幾十年因潔淨空氣而衍生的健康改善及拯救生命等效益會顯得比較小。不過，監管機構往往都有預設的標準折現率，所以這可能不是遊說者能夠影響的主要因素。

把折現概念套用在財務決策上（例如商業投資）是基本、直接且必要的。在那種情況下，分析者面臨的是投資選擇，把發生在不同時間點的成本與效益加以折現後，就可以用同一度量單位（亦即「現值」）來比較不同的投資選擇。若分析師忽略折現，不管成本與效益在何時發生，直接把所有的成本與效益都加總起來，就忽視了金錢的時間價值。這種數學錯誤將會衍生錯誤的答案。

在商業投資的決策流程中使用折現，在數學上是正確的，在道德上也沒有爭議——它只是把所有的成本與收入都轉化為相同的度量單位（現值）罷了。但是，當我們談論的不是金錢的流動，而是人命時，這樣做就會產生爭議了。今天的一千美元顯然比十年後的一千美元更有價值，但是今天的一千條人命是否比十年後的一千條人命更有價值呢？當監管機構根據挽救的生命數量來衡量法規的效益，並輸入「統計生命價值」，把影響加以貨幣化時，它是把未來挽救的生命換算成美元衡量的效益。當監管機構把這些貨幣化的生命價值加以折現時，它不是在比較不同的投資選擇，而是在比較「某個時期避免死亡的現值」與「未來另一個時期避免更多死亡的現值」。金錢的現值與未來價值，不能直接轉化為生命的現值與未來價值。但是當我們以一個價碼來代表生命價值，接著再把它折現時，就是在做這種轉化。儘管把人命的貨幣價值加以折現有可議之處，但監管機構的決策流程常做這種數學運算。這些決策的結果影響著誰更有可能活得長壽健康，誰更有可能提早死亡。

以兩個成本相同的法規為例。第一條法規在實施的第一年將拯救八百條生命，但後續幾年不再拯救其他生命。第二項法規在實施十年後會拯救一千條生命，但之前與之後都不會拯救其他生命。你會選擇哪一項法規？當折現率為3％時，成本效益分析會選第一項法規。當折現率為1％時，成本效益分析會選第二項法規。若要對所有的生命一視同仁，不管生命是今年、明年或十年後拯救的，則是使用0％的折現率。在這種情況下，第二項法規算出來的效益比較大。這個0％的折現率可以做為建模時的明確假設（納入敏感性分析中），或者當我們假設生命價值的成長率與折現率一樣時，也有一樣的效果。[22]

當我們對拯救生命的效益賦予「非0％」的折現率時，這種成本效益分析是明確地假設：未來的人命價值低於今天的人命價值。這是一種危險的假設，因為它會自動促成短視近利的決策，忽視未來世代的利益與福利。當折現率等於3%時，今天死亡五千人死亡約等於一百年後死亡十萬人。換句話說，折現率等於3%時，今天的人命價值約是一百年後人命價值的二十倍。把折現率提高或時間範圍拉長，這個倍數會變得更極端。這種計算衍生的結論是，當折現率是正的，在遙遠未來才會產生效益的法規，很難以成本效益分析來證明其存在的必要。因為那些未來效益經過折現後，現值已經大幅縮水。[23]此外，折現率不代表未來世代的優先要務，只代表當前世代的優先要務。

雖然把「統計生命價值」輸入算式後再折現並沒有完美的解決方案，但有一些合理的作法。[24]想要測試成本效益分析的結果對折現率有多敏感，一般的標準作法是更換不同的折現率，然後觀察結果受到的影響。另一種作法是不要使用固定的折現率，讓折現率隨著時間經過而下降。這樣做雖然無法完全消除「未來的人命價值低於現在的人命價值」這個問題，但可以減少這個問題的影響。

把未來所有貨幣化的價值加以折現，算出每項成本與效益的現值後，分析者把這些現值加起來，就得出淨現值。有大額正淨現值的法規在財務上是可行的，有大額負淨現值的法規則不太可能獲得支持。這些淨現值通常是以明確的估計值呈現，並會詳細說明估計值是怎麼算出來的。

我們可以把「敏感性分析」想成：系統化地探索成本效益分析中，重要參數值與關鍵假設的不確定性如何影響淨現值。這是一個關鍵的步驟，因為有些輸入值與假設可能非常明確，但有些輸入值與假設可能只是有根據的猜測。敏感性分析中所使用的輸入值與假設範圍大小，是根據不確定性的高低。不確定性越高，合適的範圍越寬。

檢查當成本效益分析使用0%、3%、5%等不同折現率時，淨現值如何變化——這是一個標準的敏感性測試。這種敏感性讓監管機構瞭解，折現率對成本效益分析的結論有多重要，但並未解決「當前生命價值高於未來生命價值」的問題。為了解決這個問題，建議探討時使用兩種折現率，一種折現率是套用在總是以金額衡量的成本與效益上，另一種折現率是套用在需把拯救的人命貨幣化才能以金額衡量的效益上。[25]第二種折現率應該固定為零，使未來生命的價值與當前生命的價值相同。敏感性分析應該只對第一種折現率進行。這種方法可以從財務的角度恰當地分析真正的金流，同時不使未來的生命貶值。以這種方式進行的成本效益分析可以鼓勵更長期的規畫，對那種未來可以拯救許多生命的法規比較有利。

我們已經看了折現問題，但這裡也有必要對統計生命價值進行檢視。由於這個估值的算法及估值範圍的廣泛都令人關注，我們應該做敏感性分析以檢查假設的統計生命價值與淨現值之間的關係。監管機構可以將提議法規的淨現值表示為統計生命價值的變化的一個函數。例如，監管機構可以把統計生命價值的預設值增加25%、50%等等，然後呈現淨現值的變化。接著，再把統計生命價值的預設值減少25%、50%等等，再次呈現淨現值的變化。

例如，估計廢氣排放法規如何影響癌症死亡等風險時，往往有很大的不確定性。因此，新法規預期拯救生命的數量與時間都有不確定性。我們可以探索科學文獻，以找出影響估計值的不確定程度，再以這些資訊來指引分析中使用的敏感度範圍。

在成本效益分析中，顯然有大量的輸入值與假設可以用敏感性分析來測試，因此只關注那些對淨現值的計算最關鍵的輸入值與假設是合理且適當的。不過，做極端案例分析（extreme-case analysis）也很有用。極端案例分析是用來檢測有沒有合理的假設與輸入的組合可能扭轉淨現值的計算，例如，使一項最初淨現值為負值的法規變為正值。[26]

成本效益分析的目的是找出淨現值最大的選項。這種分析幾乎不會關注誰從提議的法規中獲益最多，誰受益最少。在燃煤發電廠的例子中，我們知道窮人更有可能住在ACME電廠附近及下風處。因此，窮人比富人更容易接觸ACME的污染物，承擔更大的健康風險。[27]

計算時若沒有明確考慮公平問題，成本效益分析不僅會忽視社會與經濟不平等，甚至還可能加劇這些問題。對低收入或其他風險族群所承擔的成本與效益賦予不同的權重，可以解決公平問題。但是，對不同群體賦予不同的權重，這本質上是有爭議的。確保法規把公平性納入考量還有另一種比較透明的方法：為特定人群（如高風險與低收入群體）做成本效益估算。這樣一來，分析是從特定人群的角度進行，只反映了他們的成本與效益。針對特定人群的分析清楚地顯示，誰真正從法規中獲益，誰真正付出代價（無論是金錢或生命）。

監管機構的任務很艱巨，他們需要避免肆無忌憚的資本主義所帶來的一些危險侵犯大眾利益。監管機構需要制定公平、可行的法規，保護當前與未來的世界。與此同時，他們也需要證明這些規定不會對企業造成不當的損害。他們的工作是在重大限制下進行，他們必須以成本效益分析來佐證其建議。我們已經看到，成本效益分析即使在最不偏頗的分析中，也很容易受到不當的影響，容易做出錯誤的假設，又充滿重大的不確定性。

由於某些產業與利益團體可動用的手段很多，立意良善的監管機構更難達成捍衛大眾利益的目標。產業的特殊利益團體想為客戶追求獲利最大化，往往有一個明確或未講明的目標，那就是盡量減少法規，同時忽視其產品可能造成的損害，或是把清理的爛攤子轉嫁給大眾承擔。

例如，二〇一二年，美國環保署發布了一項命令，限制了燃煤發電廠的汞、砷、酸性氣體的排放量，後來又做了分析，以確定允許的排放標準。之後，代表電力公司及美國約半數州政府的產業團體對環保署提告。[28]該案提交到最高法院審理，並在那裡產生了黨派分歧。[29]法院裁決，環保署在頒布法規之前，其分析應該把成本納入考量。環保署做成本效益分析時，它估計該法規的效益是每年防止一萬一千人過早死亡及十三萬起氣喘病例。它估計這些效益的金額是介於三百七十億美元到九百億美元之間，遠高於法規造成的成本。然而，環保署的計算結果與產業遊說者截然不同。產業組織估計，受到影響的生命根本沒那麼多，而且每年的收益估計僅幾百萬美元。美國環保署與產業遊說團體各自分析同一法規，對法規的效益做出的估計卻大相逕庭。

特殊利益團體的強大影響力有時會導致監管俘虜（regulatory capture）。那是一種政治腐敗，是指監管機構促進了產業利益團體的考量，而不是從大眾的利益出發。[30]

監管機構也可能明顯受到政府中資深成員的影響。例如，九一一恐攻後，白宮審查並修改了環保署對紐約市大眾健康風險的聲明，尤其是那些在世貿中心遺址附近生活與工作的人。[31]修改的部分包括：增加了安撫人心的聲明，但移除了對氣喘患者、老人、呼吸系統疾病患者的警語。[32]如此粉飾的目的，是為了「重啟華爾街」。保護世貿遺址附近的民眾健康顯然不是那麼重要，這又是一個在金錢與生命之間取捨的例子。

這些例子顯示成本效益分析的許多問題與缺陷。這種方法受到利益團體的影響，他們試圖操弄系統為自己謀利。這些分析也被政治化了，產業專家試圖高估成本、低估收益，維權人士則正好相反。這有時又稱為「策略偏誤」（strategic bias）。由於產業遊說者很容易對政府產生影響力，大眾倡議團體及消費者監督組織必須更加提高警覺，關注分析的細節。業者往往傾注大量的資源去影響成本效益分析，目的是盡量提高短期獲利及縮限法規，同時忽略其商業模式中的負面外部性。

雖然成本效益分析有很多缺陷，但支持者仍認為那是冷靜判斷最佳前進之道的方法。不管它有什麼局限性，成本效益分析依然會是大家使用的標準工具。這表示，瞭解其缺陷及其使用與誤用的方式非常重要。至少，大眾倡議團體與消費者監督組織應該瞭解成本效益分析的關鍵問題與限制，以確保產業倡議團體及監管機構維持誠實。此外，大眾倡議團體與消費者監督組織在瞭解細節之後，也可以鼓吹運用這種方法來支持那些結果比較公平的法規。[33]大眾通常有機會表達意見，因為第13563號行政命令規定，各機構「在可行與適當的情況下，應徵求可能受到影響者的意見」。[34]

成本效益分析的一個缺點是，它常以統計生命價值做為主要輸入資料。我們已經知道，這種生命價碼受到許多理論與實務問題的影響。但是話又說回來，優點是，統計生命價值的估值遠遠高於多數人的預期收入，因此以它估值算出的效益，遠比只用平均財務影響算出來的效益還高。

第二個缺陷是，分析者輸入統計生命價值，通常代表的不是風險增加的時間點，而是死亡發生的時間點。這樣做忽略了一個事實，統計生命價值應該代表死亡風險的增加，而不是死亡本身的增加。這樣的轉變所衍生的後果很重大。因為這樣轉變後，效益是出現在未來更久之後，折現時會大幅縮減。

第三個缺陷與如何折現有關。輸入統計生命價值後，人命就貨幣化了——也就是說，這些人的生命被當成有複利的金融投資。對這些生命價值做折現時，會導致分析者對未來生命的估值遠低於當前生命的估值。

第四個缺陷是，在成本效益分析中，無法量化或貨幣化的重要因素往往遭到忽略或影響很小。

第五個缺陷是不對稱，因為成本要素往往比較完整且經常高估，但效益要素往往不完整且遭到低估。

第六個缺陷是成本效益分析往往不在意公平性，忽視了新法實施將導致誰受益最大及誰受損最大。

第七個缺陷是成本效益分析容易受到操弄。這點從新法規的預估成本與效益因分析者的不同而有明顯差異即可見得。

我當然不是在主張大家應該忽視成本效益分析，我只是主張，我們需要建立一套機制來審查法規的成本與效益，以防止政府實施一些效益不多卻造成巨大成本的法規。政府應該為法規提出正當的理由，以確保公民受到保護，以及產業不受創。不僅環保或交通法規應該如此，所有重大的政府專案與支出也應如此。政府需要確保它做的一切成本效益分析都盡量透明，公開其假設與敏感性分析讓大家可以輕易審查，可能的話，也讓大家清楚審查公平性的考量。與此同時，監管機構應該盡可能確保產業支付營運的相關成本，而不是把那些成本轉嫁給大眾。

想像一下，如果政府的決策與投資（從軍事開支到航空安全），都像環保法規一樣受到同樣程度的審查，那會是什麼樣子？我們已經看到那些影響產業獲利的政府法規所引發的詳細、熱烈爭論，但國家安全法規往往是在很少分析或毫無分析下就輕易實施。

這類法規通常很少考慮到這些軍事或安全開支需要拯救多少生命才值得施行。有些人認為這是因為這些費用的效益很難計算，但同樣的理由也可以套用在其他費用與提議的法規上。另一些人則是主張，國家安全方面的投資，對於國家的存續是絕對必要的，因此永遠不該受到成本效益分析的影響。更憤世嫉俗的人則說，國家安全開支受到的審查較少，是美國軍事工業複合體（military-industrial complex）以及安全業與政府官員之間的緊密關係造成的。[35]

不管原因是什麼，現實情況是，政府可以擅自採取行動，而不考慮成本或預期拯救或失去的生命數量。與此同時，美國環保署和聯邦航空總署等其他的政府機構，在制定任何法規之前，卻必須提交詳盡的分析，其中包含許多技術與實務上的限制。

儘管成本效益分析有不少缺點，它的優點在於迫使分析者明確地公開其輸入資料與假設，這樣做能確保一定程度的透明度與問責。此外，這也讓獨立的審查委員有能力審查分析。那些會影響「結果估值」的關鍵輸入要素，一定要做敏感性分析。探索一項分析對不同折現率的敏感性時，折現率應該套用在金流上，但與拯救的生命有關時，折現率應該設為零。這樣做可以迫使分析者公平看待未來的生命價值與當前的生命價值，並適當地看待金流。

無法量化或貨幣化的效益，需要一套標準的審查方法，以確保它們不會直接遭到忽視。公平的考量應該是首要之務，而不是先擱在一邊、偶爾才探討的次要問題。

成本效益分析的客觀性、有效性、完善性不該過分誇大。成本效益分析因分析者的偏好與傾向不同，算出來的淨現值可能有很大的落差範圍。做這種分析時，都應該抱持透明謙遜的態度，以免媒體與大眾誤以為這是一門精確的科學。

一般企業內的財務專家也會做成本效益分析，但那些分析的視角與範圍不同，通常是稱為「財務分析」。下一章，我們將討論企業在「成本效益分析」與「勞力市場」兩方面有兩種截然不同的人命評價方式。

第五章　犧牲誰來追求獲利

一九六〇年代末期，福特汽車決定在美國推出平價汽車「平托」（Pinto）。為了趕著上市，他們壓縮了設計到配銷的時間，匆忙上市導致紕漏百出。福特的碰撞測試顯示，平托不符合當時美國國家公路交通安全管理局（National Highway Traffic Safety Administration，NHTSA）為了減少交通事故所引發的起火意外而提出的安全標準。那些標準預計在一九七二年實施，隔年的安全標準還會再提高。碰撞測試也顯示，只要稍微修改平托的設計（例如在油箱中添加一個塑膠氣囊），就可以使汽車符合NHTSA的安全標準。

福特做了一份成本效益分析報告，提交給NHTSA。這份名為「福特平托備忘錄」（Ford Pinto Memo）的分析，目的是為了勸阻監管機構通過新的安全標準。這份分析把「修改平托以提高安全性」以及「不修改平托就上市，並納入增加的死傷成本」這兩個選項加以貨幣化。[1,2]

業者（本例中是指福特）做成本效益分析時，會為人命設定一個價碼，以評估可能導致傷亡的商業決策。公司是在商業成本與挽救生命之間權衡，以追求獲利最大化。而勞力市場則是企業衡量生命價值的另一個觀點，因為員工的生命與金錢之間有明確的取捨關係。勞力市場的情境非常多元，一個極端是把勞工當成奴隸，另一個極端是把勞工視為有自由意志的員工。在各種情境下，每個員工的時間都有一個價碼，那個價碼可能很不公平。

以成本效益分析做商業決策

監管機構與營利公司都會做成本效益分析，但它們的分析方式顯然不同。監管機構是做社會的成本效益分析，那必須考慮社會的總成本，包括私人成本和外部成本。公司則是做私人的成本效益分析，重點是公司的淨利。一家公司的成本僅限於損益表上的成本，亦即所謂的私人成本，所以一家公司的成本效益分析是從公司的角度出發。由社會承擔、而非公司承擔的成本，稱為外部成本。公司做成本效益分析時，會忽略外部成本。公司的決策過程中本來就有成本效益分析，分析者的任務是從不同的策略中，挑一個幫公司創造最大獲利的策略。

假設你是一家汽車製造公司的高階主管。你手上的資料顯示，公司的某款汽車有設計缺陷，一般的交通碰撞很容易導致那款汽車起火燃燒。身為決策者，你需要在兩種選擇中二選一：召回那款汽車以修改缺陷，或者忽視那個問題，即使你明明知道那個問題可能導致一些傷亡。召回汽車會造成短期的負面影響，因為消費者不敢買你的汽車，那會損害公司的短期獲利。忽視設計缺陷則可能導致無辜者喪命，以及未來的訴訟風險和公司品牌受創。

認為營利公司主要是為了社會利益而存在，未免過於天真。這些公司提供商品或服務時，通常也提高了顧客的生活品質，但公司的根本目的是賺錢。這樣說並不是在詆毀營利公司，而是提醒大家企業的優先要務是什麼。由於企業的首要之務是獲利，期望公司做有關人命的決定時忽視獲利考量是不切實際的。這並不是說公司都是盲目追求獲利的無情組織。公司有時是根據其高階主管的倫理或道德標準來做商業決策，而不是純粹為了獲利。但一家做決策都不考慮獲利的公司，可能很快就會關門大吉。

雖然有些人可能希望汽車公司為了消除各種對駕駛、乘客、行人的潛在風險而投資，但這種理想主義既天真又不切實際。但雖然營利公司以獲利為優先的道理顯而易見，公司做成本效益分析的細節一經披露，往往會引發大眾及民事法庭陪審員的激烈反彈。

對汽車公司來說，那些大幅增加事故、傷害或死亡風險的大問題是最關鍵的。但風險的增幅究竟要多大，才會促使公司採取召回汽車等行動？如果汽車公司對所有可能出現的缺陷或問題都發布召回令，它很難繼續營運下去。汽車公司做出明智決定的一種方法是做成本效益分析，比較至少兩種情況下的淨現值：在本例中是指「召回結構上有缺陷的汽車」，或「忽略問題，等以後再解決訴訟及支付罰款」。當然，汽車公司知道消費者為安全裝置付費的意願，也可以掌握其他市調的資訊，這些資訊都可以拿來做成本效益分析。

比較這兩種選擇的步驟，與環保署審查廢氣排放法規的淨現值時所採取的步驟很類似，只有一個關鍵區別：汽車公司做成本效益分析時，關注的是自身的營收與成本——那反映了汽車公司比較狹隘的使命：為業主創造財務報酬。公司做成本效益分析時，有兩個重要的步驟：量化不同時間點的影響，把那些影響加以貨幣化。為了量化影響，汽車公司需要估計汽車的結構缺陷所造成的事故與傷亡的預期數量。例如，該公司可能估計，這個缺陷可能每年導致十人受傷，五人死亡。接著，為了把量化的影響加以貨幣化，公司需要輸入每起受傷與死亡的成本。這些成本反映公司在民事案件中被判有罪時必須支付的賠償金。此外，公司也會把負面宣傳導致的銷售損失及聲譽受損的估值納入考量。

公司可以雇用研究人員來耙梳類似的案件，以找出在汽車公司導致不當致死的訴訟案中，人命價碼的合理估計值。但很多和解協議是保密的，所以只能瞥見一小部分的例子。研究人員有理由擔心，這麼少的樣本估價可能有偏見。公司也可以舉行模擬審判，藉此了解預期的判決金額。模擬審判通常是在裝潢類似法庭的房間裡進行，有律師為雙方辯護，統計學家負責分析影響模擬陪審團判決的因素。[3] 模擬審判通常有助於找出影響陪審團決定的因素，但其財務判決可能無法代表現實審判中的判決金額。

成本效益分析牽涉到危及健康或生命的問題時，公司需要算出生命的價碼。除了失去健康與生命的成本以外，公司還需要權衡與品牌形象有關的因素，以及召回或忽視安全問題對未來銷售的潛在負面影響，還有潛在的罰款。在做出決策之前，應該先做敏感性分析。這種敏感性分析類似監管機構做的分析，探索關鍵假設的多種可能值（例如大眾的風險、人命的價碼），並算出不同假設的淨現值。人命的價碼（本例中是指汽車公司對每個受害者的預期賠償金）越高，汽車公司越有可能立即召回汽車，以保護生命及避免未來訴訟的成本。人命的價碼越低，公司越有可能忽視結構性缺陷，等著看它需要支付多少訴訟和解費及罰款。這是另一種「人命價值越低，受到保護越少」的情況。

上述的汽車案例並非空論。汽車製造商經常需要決定要不要增加對安全裝置的投資，或要不要多花錢以解決技術問題。更廣泛地說，只要你生產的產品有風險，任何公司都得面臨這樣的問題。福特汽車公司生產平托汽車的經驗是商業道德的經典案例，也充分說明了公司如何把人命價碼納入決策流程。[4]

修改平托以提高安全性，將導致設計與生產成本增加，也會導致產品延遲上市，那會讓外國公司有更多的時間搶占國內的市占率。而重新設計的平托將會符合即將導入的安全標準，避免更多人面臨風險。不改變設計就上市，短期內可幫公司省錢，但增加公司未來可能付出的代價。那些因為汽車缺陷而受害的人（受傷者與死者家屬）可能控告公司並要求賠償。監管機構可能對未充分披露及解決安全問題的公司開罰。福特品牌可能因負面消息而受創，那會影響其他福特汽車的銷售。此外，NHTSA的新法規通過後，公司無論如何都需要修改汽車以符合新的安全標準。總之，福特需要做一個商業決定：要不要承擔立即召回汽車並修理的成本，還是要延遲召回，等未來再支付和解金與其他費用？

福特計算的關鍵輸入資料包括修改的成本、延遲上市對銷售的影響、事故與傷亡的風險增加，以及人命的價值。關於人命的價值，公司有指導原則，而不是參考模擬審判與先前的和解金。當時，多數的聯邦機構為每條人命設定的價碼是三十五萬美元，但NHTSA為每條人命設定的價碼是二十萬美元，對燒傷受害者的賠償價碼是六萬七千

*作者註：在福特平托汽車的例子中，所有的價值都是以一九七二年的幣值表示，未調整成現值。

美元*。福特使用較低的人命價值，可以減少修復設計缺陷的預期效益。福特假設修理每輛車的費用是十一美元。其他公司（包括固特異）後來主張修理費其實可以減半。選擇較高的單位維修成本，使修復設計缺陷的假定成本較高。這也難怪福特算出維修的總成本遠大於拯救生命的經濟效益，因此就財務上來說，不修理是明智的選擇。[5]

一九七四年，汽車安全中心（Center for Auto Safety）訴請NHTSA要求召回福特平托汽車，但直到一九七七年《瓊斯母親》雜誌（*Mother Jones*）發文痛批平托汽車、引發全國關注後，NHTSA才採取行動。一九七八年，福特在NHTSA要求召回之前，先宣布了召回令。

對許多美國人來說，這個案例是他們首次清楚看到人命是如何貨幣化，以及一些公司如何把死亡視為「營運成本」的。一般來說，許多美國人仍然沒意識到外界經常為他們的生命貼上價碼，所以他們注意到這種實例時，常覺得難以接受。此外，由於美國媒體的新聞週期很短，這種把死亡視為商業支出的案例很快就遭到大眾遺忘。福特使用的人命價碼，讓大眾更加關注人命的經濟價值。大眾知道及關注人命如何貨幣化及人命價碼如何被使用後，這個主題因此受到更多的審查與研究。

福特並沒有興趣計算人命為社會帶來的經濟價值，它只在乎它必須支付每位受害者多少賠償金，並算出每個可預防的死亡需要支付二十萬美元。但結果顯示，民事訴訟的損害賠償遠遠超過福特公司的假設。在〈葛林肖訴福特汽車〉（Grimshaw v. Ford Motor Co.）一案中，加州上訴法院裁定福特公司需要支付兩百五十萬美元的補償性賠償及三百五十萬美元的懲罰性賠償。[6]

NHTSA提議在一九七二年實施的規定，後來怎麼了？在福特及其他汽車公司的遊說下，NHTSA的碰撞標準延遲到一九七八年才推出。汽車業利用他們對政府的集體影響力，來讓更嚴格的安全標準延遲實施，藉此延長公司的短期獲利。延遲實施更嚴格的法規，可能在財務上對福特公司很有意義，卻導致更多生命面臨傷亡的風險。

汽車業與其他的產業一樣，遊說活動本來可以為福特帶來很高的投資回報。要不是一九七七年《瓊斯母親》那篇報導引起大眾關注，可能有更多人因為福特為成本效益分析做的可疑假設而犧牲。福特不僅需要支付法律賠償，公司聲譽也受創，該案還變成商業道德課程上的典型範例。《瓊斯母親》的那篇報導發布一年後，亨利・福特二世（Henry Ford II）解雇了福特的總裁李・艾柯卡（Lee Iacocca）。[7]

福特平托的例子並非特例，最近，豐田（Toyota）、福斯（Volkswagen）、通用（General Motors）等大型汽車公司都因為延遲召回那些造成不必要的風險、有時甚至導致死亡的缺陷汽車，而引起媒體的負面報導、美國司法部的調查、無數的訴訟。許多產業常在安全、獲利、人命價值之間拿捏平衡，因為這些公司都有動機去提升短期獲利，有時不惜犧牲人們生命。由於成本效益分析中所使用的許多關鍵輸入資料和假設都有廣泛的不確定性，分析者可以根據其動機得出不同的結論。

營收數十億美元的公司都不是天真的生意人，他們擁有的資產與政治影響力遠比一般人多。公司通常會找出他們可做的選擇，評估不同選項的成本與效益，然後做出明智的決定。在福特平托案發生約四十年後，汽車業的高階主管繼續透過成本效益分析中的假設來保護公司的淨利。

在通用汽車的案例中，二〇〇五年司法部做出的結論是，上百人的死亡與該公司延遲召回引擎啟動開關有瑕疵的汽車有關。[8]更糟的是，二〇〇三年通用汽車的的工程師早就發現那個瑕疵了。

豐田汽車不僅知道它的車子有加速問題，還隱匿資料。豐田在首度意識到問題到召回汽車之間，刻意放任傷亡發生。後來，豐田坦承罪行，並同意支付十二億美元的賠償金。[9]

福斯汽車在權衡「獲利」相對於「環境破壞」與「人命」時，做了不同的商業決定：

它在數百萬輛的柴油車上安裝了軟體，讓那些汽車能夠通過排放檢測。一旦汽車離開實驗室之後，該軟體就會關閉排放控制，導致汽車的廢氣量高達允許濃度的四十倍。[10]福斯對一千一百萬輛汽車動了這個手腳，以便在排氣檢測中蒙混過關。[11]這種作弊行為對環境與人體健康所造成的損害可能很巨大。

在上述的案例中，每家汽車公司都刻意把人的健康與生命置於險境，以提高公司的獲利。這些營收數十億美元的公司都雇用了出色的分析師，他們的任務是做成本效益分析，並針對這類分析該如何進行，提出管理建議。這些案例凸顯出監管機構有非常重要的公共職能，他們必須努力確保生命獲得充分的保護以拿捏適切的公平性，但他們也必須有足夠的人力、資金、受到充分的監督才能發揮效用。

上述的每個例子都有已知的風險，那些公司都知道問題的存在，卻依然做出那些商業決策，導致原本可避免的死亡發生。公司做成本效益分析時，他們會找出可能的商業選擇並加以分析。以有瑕疵的產品為例，他們的選擇包括採取大動作（例如召回產品並提供全面更換）和採取小動作（例如提供有限的維修，忽視瑕疵，或像豐田那樣刻意隱匿安全缺陷的資料）。

接著，公司需要決定誰有立場，也就是說，應該考慮誰的成本與效益。誠如上一章所述，決定誰有立場很重要。對「立場」的定義過於狹隘時，分析中可能會忽略那些受到傷害的人。任何受到決策影響的人都應該有立場，但影響有不同的類型——直接與間接的。在造成傷亡的汽車瑕疵案中，直接受影響的是受傷或死亡的人，間接受影響的是受害者的眷屬。總影響（直接加上間接）的估計是成本效益計算的關鍵。如果缺陷的總影響被低估了，成本收益分析的結果會支持選擇「忽略瑕疵並於日後支付訴訟與罰款」。

在量化各種情境（包括找出傷亡影響的預期人數）後，所有的項目都必須貨幣化。在福特平托案中，人命的價值低於其他監管機構使用的數字。公司賦予生命的價碼越低，越不可能保護那些生命，越有可能忽視大眾健康與生命所承受的風險以追求短期獲利。如果民事審判的判決賦予人命很高的價碼，那個價碼會出現在企業的成本效益計算中，結果將使企業在安全方面做更多的投資，比較不會忽視已知的安全風險。

儘管統計生命價值在邏輯與計算上有缺陷及局限性，但監管機構往往以它做為人命的價碼。公司比較在乎的是他們在潛在訴訟中會損失多少，所以他們會努力估計民事訴訟的預期判決，並以那個價值做為人命的價碼。價碼的選擇顯示監管機構與企業做的成本效益分析有何差異。監管機構的焦點是放在社會受到的總影響，企業的焦點則是放在影響公司淨利的成本（私人成本），忽略了外部成本。

基於兩個原因，公司有更大的動機去處理造成直接危險的安全風險：因果關係與折現。因果關係是指安全問題與其造成的損害之間的關係。一般來說，安全問題與發生損害之間的時間越短，越容易證明「錯在公司」。如果某牌汽車的引擎自燃導致乘客死亡，不需要花太多時間調查，就可以對生產那些汽車的公司提起訴訟。相反地，如果損害是幾十年後才發生，就很難證明因果關係，抽菸與罹癌風險增加的關係就是一例。抽菸與罹患肺癌之間的長時間間隔，使菸草公司誤導一些人相信是其他因素導致抽菸者罹患肺癌，而不是他們的產品造成的。

推出危險產品到該產品造成損害之間的時間長短，也與折現有關。在財務計算中，折現效果使金錢有時間價值，導致今天的一億美元獲利價值遠高於十年或二十年後民事審判中的一億美元賠償金。要證明錯在公司所花的時間越長，公司不修正安全問題的動機越強。

當大家認為確定危險產品與其損害之間的關聯需要幾十年時，還有另一個不採取行動的動機：十年或二十年後出現長期健康後果時，最初決定忽視風險的公司高階主管不太可能還在那家公司任職。當公司被迫和解或認罪時，他們早就退休了，無須承受任何經濟損失和法律責任。相較之下，構成直接威脅的安全風險可能會影響高階主管的紅利獎金、聲譽、公司短期淨利。

許多產業都必須在獲利與安全之間拿捏平衡。公司無法針對每種產品的每個組件去消除所有的風險。設計、製造、標示的缺陷可能發生在多種產業與產品中，包括藥品、醫療設備、玩具、家用品。要求產業消除所有的產品風險，而不考慮缺陷造成傷害的可能性或潛在傷害的嚴重程度，會使產業陷入停頓。企業總是需要在安全投資與維修或召回的預期成本之間拿捏平衡。由於公司無法消除所有可能的風險，監管機構在確保公司不忽視特定風險，以及確保生命與健康獲得公平保護方面，扮演非常重要的角色。如果沒有適當的安全法規，投資開發更安全產品的公司可能被那些生產風險較高、但價格較低產品的公司擠出市場。監管的效用之一，就是為了確保最低標準的存在及法規的施行，以避免這種市場失靈。

企業高階主管的道德觀也會影響企業的決策，但道德考量往往是主觀的，不足以用於企業的經營。在企業高階主管刻意在產品安全方面欺騙大眾與監管機構的案例中，那些高階主管遭到犯罪指控的情況非常罕見，更遑論定罪了。由於決策者幾乎無法被起訴，大眾倡議者努力影響輸入成本效益分析的數據（例如鼓吹生命價值使用較高的價碼、確保分析考慮到所有受影響者的立場）變得越來越重要。

當公司清楚意識到訴訟風險與潛在損失時，那個產業就會在獲利與人命之間拿捏平衡。聯合碳化物公司（Union Carbide）在印度波帕爾（Bhopal）發生的災難，奪走了約四千條人命，也造成約四千人永久傷殘。[12]一九八九年，該案以四．七億美元的金額達成和解，每個受害者的價值約是六萬美元。[13]當時印度人的平均收入還不到美國人的二十分之一。[14]這些受害生命的價碼較低，可能反映了受害者收入不高的事實。我們可以合理推測，萬一事故是發生在美國，賠付額會高出許多，因為美國的收入較高，未能保護生命的罰款也比較高。

時裝業也發生過類似的悲劇。時裝公司常把生產外包到中國、印度、孟加拉、越南等低工資的國家。二〇一三年，孟加拉的一座工廠倒塌，造成約一千一百人死亡，一千五百人受傷。國際勞工組織（International Labor Organization）成立了一個受害者賠償基金，資金是由在該建築內生產產品的時裝公司提供，總共募集了三千萬美元，相當於每條人命不到四萬美元。[15]孟加拉的工人收入和美國工人相比極低。就像聯合碳化物公司的災難一樣，這些受害者因為收入不高，生命價值很低。同樣地，萬一工廠坍塌是發生在世界上比較富裕的地區（例如美國或歐洲），工人的安全會得到比較嚴格的保護，賠償無疑也會高出許多。

道德與倫理考量不足以做為企業決策的依據，但應該與財務及法律約束一起發揮作用。企業透過成本效益分析法來評價人命的方式，可能在二〇〇一年菲利普莫里斯（Phillip Morris）委託理托顧問公司（Arthur D. Little International）撰寫報告時降到了道德最低點。[16]那份報告的成本效益分析主張，捷克政府應該鼓勵大家抽菸，因為抽菸者提早死亡對政府來說收入是正的。雖然這不是第一個主張抽菸造成的提早死亡對公共財政有利的商業個案，但這個案例引起最多的關注。[17]《華爾街日報》引用肯尼斯・華納教授（Kenneth Warner）的話說：「還有其他公司吹噓他們藉由害死顧客來幫國庫賺錢的嗎？」同一篇報導也引用菲利普莫里斯公司發言人的說法：「這是一項經濟影響的研究，沒有別的意涵。」[18]為了因應大眾及政治人物的批評，菲利普莫里斯不久就發布了正式的道歉，說該公司資助及發布那份報告「顯示公司判斷失當，以及對基本人類價值觀的完全漠視，難辭其咎。」[19]

理托顧問公司的成本效益分析把焦點放在捷克的公共財政上，尤其是一九九九年該國的國家與市政預算，以及醫療保險公司的預算。他們的分析沒有包括抽菸的私人成本、抽菸影響社會的私人成本，或抽菸造成提早死亡的私人成本。其會計核算是從公共財政的角度出發，那分析記錄了來自消費稅、增值稅、企業所得稅、關稅等政府收入的直接正面影響。抽菸增加的負面影響包括：抽菸者及接觸二手菸者的醫療成本增加、提早死亡導致的所得稅損失、曠職相關的成本、抽菸引起的火災成本。這些東西看似無害，也不會引起太多非議。引起大家關注的是，它把間接的正面影響視為政府節省下來的開支，因為抽菸造成的提早死亡可讓國家減少支付醫療費、養老金、退休金、社會福利金、老人住房補助。研究者使用6.75％的折現率，但沒有做任何敏感性分析。這個折現率強調了從香菸銷售中立即獲得的金流，同時盡量縮小長期的成本與效益。

這種計算是假設生命本身的生存價值或內在價值是零。在這個分析中，抽菸者代表的唯一價值是對政府財政的貢獻。這個計算的目的是為了向政府倡議，只要政府從菲利普莫里斯的產品獲得的收入超過財務成本，就應該鼓勵這種提早死亡。這個分析範圍的設計，是為了忽略提早死亡的所有其他財務影響與社會影響。它顯示人命只被當成為政府創造金流的提款機。這個分析因為把範圍限制在政府的財務金流上，並在毫無敏感性分析下挑一個高折現率，所以分析結論對資助該研究的菸草公司有利。比這項研究的偏見更有問題的是，它對人命的尊嚴與內在價值的漠視。把人命視為金流，而且為了提高那個金流，還主張政府應該鼓勵大家抽菸以造成更多人提早死亡，那根本是道德淪喪。套用菲利普莫里斯的說法，那也是「對基本人類價值觀的完全漠視」。

勞力與人命價值

勞力市場則會讓我們看到如何以金錢交換個人生命的時間。討論價碼時，勞力薪酬是一個重要關鍵，因為收入是民事審判中決定該賦予人命多少金錢價值的關鍵要素，在九一一罹難者賠償金中也扮演重要的角色。

討論勞力的起點是先承認就業世界裡有多種權利、自由意志、選擇。其中一個極端是奴隸制，奴隸幾乎沒有任何權利或選擇，只能選擇是否繼續活下去。另一種極端是自由意志的員工，他可以從多種工作選擇中挑一種，協商自己的薪水與福利，有足夠的經濟保障，可以選擇要不要更換雇主，不受法律或經濟的限制。在這兩種極端之間的員工，工作選擇上面臨不同程度的法律或實務限制，例如學徒契約、打工族，他們可能實務上受到雇主約束，即使法律上可能沒有約束。

奴隸制

人命的價碼以及這個價碼對勞力市場的影響，在奴隸及契約僕役制這種極端的例子中最為明顯。

不是每個人都有選擇工作的自由。無論是過去、還是現在，都有一些勞力無法獲得保護其基本人權及行使自由意志的勞動協議。殘酷的雇傭形式一直存在，那些勞工在暴力、不人道的條件下辛苦工作，為雇主追求利潤，幾乎沒有考慮到勞工的健康與福利。在這種殘酷的雇傭形式中，奴隸制是明顯的極端。

奴隸制是指把人當成商品來擁有與買賣，在世界各地的歷史與文化中曾以各種形式存在。人之所以遭到奴役，可能是為了懲罰罪行，償還債務，戰爭期間遭到誘捕，或世襲身分使然。遭到奴役的人，其生存、安全、健康、尊嚴不斷受到威脅。這種糟糕的做法在一個方面是透明的：奴隸制讓人清楚看到，參與買賣人命的人是如何評價奴隸的生命。

在南北戰爭之前的美國，奴隸及其後代都是可以在公開市場上合法交易的財產。奴隸拍賣允許買賣雙方公開賦予人命一個價碼。奴隸的價值是由買方預期從奴隸獲得的收入，減去養奴隸的成本（例如食物、衣服、住所）來決定。[20]奴隸是一種投資，奴隸的價碼反映了預期的金流。買家為投資報酬率高的奴隸支付較多的錢，為投資報酬率低的奴隸支付較少的錢。影響奴隸潛在收入的因素包括奴隸的性別、年齡、健康狀況、工作能力、謀生技能。年輕的成年男性奴隸，價碼最高，因其力量與工作能力都比年長者好。

年幼的奴隸，價碼較低，因為主人需要先撫養他們長大，那成本可能超過預期的收入。育齡女性奴隸的價碼不僅看其勞動，也看其生育力。老弱的奴隸，價值較低。有謀生技能的奴隸（例如鐵匠與木匠），價值較高，因為主人販售其產品的收入高於他們務農的收入。

在有奴隸制的地方，可以看到為了勞動目的而為人命賦予一個價碼這種極端的作法。奴隸制的現代定義包括人口販賣、強迫勞動、債務奴役、強迫婚姻、世襲奴隸制。[21]幾乎所有的國家都有憲法禁止某種形式的現代奴隸制，但是現在每天還是有人口買賣。二〇一四年，ＩＳＩＳ發布了擄獲及豢養奴隸的準則。[22]約莫那個時候，聯合國證實，ＩＳＩＳ有一份俘虜兒童的價目表，每個兒童的價碼從數百美元到數千美元不等。[23]

契約僕役制

契約僕役制是指「一段時間的人生」與「金錢」之間的明確交換，亦即一個人答應工作一段固定的時間以償還債務。

契約僕役與奴隸的主要區別在於，契約僕役有固定的所有權期限。期限一到，僕役就獲得釋放，可以行使自由人的權利。[24]相反的，奴隸與其後代則是一生都為主人所有。

契約奴役在美國歷史上扮演重要的角色，現在仍以人口販賣的形式存在。人口販子要求遭到販運的對象，以一定年限的勞力來償還把他走私到一個國家的成本。在全球，人口販運業影響數百萬人的生命，估計每年的產值逾三百億美元，許多遭到販運的移民陷入商業型的性剝削。[25]對人口販子來說，這種投資的報酬很高。例如，二〇〇六年，據估計，人口販子最多可從每個販運對象獲得五萬美元的收入。確切的收入金額是看受害者的來源地及販賣的目的地而定。[26]人口販運的相關成本與獲利有很大的價差，那價差反映了一個事實：人口販運業就像其他產業，價格是由供需決定。

有償勞動

相較於一般人平常看不見的奴隸制與契約僕役的存在，有償勞動（亦即勞工以時間換取雇主的金錢）則是我們日常生活的基本組成。有償勞動是指對勞工的時間賦予一個價值，那個價值是由市場決定，儘管這個市場不是完全自由的。這個由雇傭定義的價碼已是我們日常生活中固有的一部分，所以我們通常不會注意到這也是一種交易，是為人生的一段時間賦予一個價碼。無論提供勞力者是賺鐘點工資的低薪餐廳員工（如第二章所述的艾妮塔），還是高收入的企業高階主管（如吉姆，其薪酬主要是由分潤協議及年終獎金決定），他們都是有酬勞動。

從雇主的角度來看，在所有條件一樣下，如果要在兩個成本相同的相似員工中挑一個，雇主會選獲利較好的那個。同樣地，如果要在兩個獲利相同的相似員工中挑一個，雇主會選成本較低的那個。員工是站在交易的另一邊，他想盡量提高薪酬，包括金錢與非金錢的薪酬。這涵蓋薪資、醫療保險、退休金、帶薪假、家庭福利與其他福利。

影響薪酬的因素很多，包括但不限於學歷、技能、經驗、行業、工會成員身分、種族、性別、地點、工作的風險。有些因素是可以控制的（例如學歷），所以一個人可以透過努力來改變環境，進而賺更多的錢。有些因素是無法控制的，但依然影響一個人的時間價值。[27]總之，薪酬取決於公司可從勞工的產出、勞工技能的供需等因素中獲得的預期收入。

我們從底下這個例子開始看起吧：這兩人都在醫院工作，薪酬分別位於薪資等級的兩端。一位是放射科醫生，工作內容是解讀乳房X光檢查、超音波、核磁共振影像等來源的圖像。另一位是工友，負責拖地。放射科醫生的收入是工友的好幾倍，很少人會認為這兩人的收入應該差不多。醫院比較重視放射科醫生的時間，因為有這方面專業的員工可為醫院帶來許多收入。醫院是為技術付費的企業，醫院可把它付費取得的技術賣給顧客（亦即病患）。放射科醫生的全部薪酬包括薪資、醫療保險、退休金、六週假期，以及其他津貼（例如子女的教育補貼、醫療過失保險的支付）。每年的總薪酬可輕易達到五十萬美元，若按正常的工作量來算，時薪約是兩百五十美元。[28]醫院之所以願意支付這個數目，是因為它可以從放射科醫生的醫療服務中賺到更多的錢。放射科醫生為醫院賺取的收入，取決於他能提供的服務量及醫院針對每項服務的收費。如果別家醫院開出更高的薪酬來聘用他，他可能會想要接受較高薪的工作。

拖地的工友是拿最低工資。他因為在醫院任職而享有健保及兩週帶薪假，總報酬換算成時薪不到十美元。醫院會追蹤他的工作時間，追蹤他在醫院的位置，並要求他離開醫院時必須穿過一個安全檢查站，以防竊盜。他幾乎沒有跟醫院協商薪水的籌碼，而且隨時可能被換掉。醫院認為他提供的服務是必要的營運支出，而不是利潤中心，所以醫院會努力尋找價格更低的替代方案（例如自動化的機會）來節省成本。拖地的工資總是比較低，因為拖地是一種低技能的工作，面臨大量潛在勞力的競爭。相對的，放射科醫生則是高技能的職位，潛在競爭者有限。顯然，放射科醫生的薪酬應該比工友高，但他的時薪應該要多少才合理呢？這種薪酬差距該如何公平地決定呢？

放射科醫生與工友的薪資都是市場決定的，有透明度、也有模糊度，有公平性、也有偏見。如果醫院能找到另一個可創造同樣收入、但接受較少薪酬的放射科醫生，它可能沒有動機繼續支付每年五十萬美元的薪酬。有趣的是，放射科醫生的時間價值及其對應的薪資因供給有限而膨脹了。外部組織「美國醫學協會」（American Medical Association，AMA）會影響勞力市場，以確保放射科醫生的薪酬很高。AMA藉由控制執業醫生的人數，來幫忙維持美國醫生的薪酬水準。[29]同樣地，最低工資法與工會等外部限制也會影響勞力市場，以確保工友的薪資不會低於某個水準。

專欄作家湯馬斯．佛里曼（Thomas Friedman）宣稱：「世界是平的。」他的意思是說，拜網路所賜，全球的競爭者無論在哪裡，都有平等的機會。[30]儘管佛里曼提出這個著名的論點，但世界並不是平的，位置在許多產業中依然非常重要。如果人文地理無關緊要，那些可以遠端完成的類似任務在各國之間就不會有很大的收入差距了。如果地點無關緊要，電腦工程師、法律文件審核者、註冊會計師，甚至放射科醫生，無論是在美國、還是在印度工作，收入都會差不多。然而，世界各地的收入差距很大。那些可以輕易外包給低收入國家的工作，其國內薪酬往往較低，也不太穩定。在國內需要與低技能移民勞工競爭的工作，工資通常也很低。

比較放射科醫生與清潔工友時，可以發現許多因素影響他們的相對薪酬，包括工作的專業要求（例如學歷、成就、證書、認證、技術技能）。需要專業知識的職位，通常合格的潛在人才供給較少，所以那些投入時間與金錢去取得專業資格的人往往薪酬較高。在紐約市，律師的起薪逾十五萬美元。在美國，醫生的起薪從傳染病醫生的十三萬美元到神經外科醫生的五十幾萬美元不等。[31]

除了為專業要求賦予價值以外，公司通常也會為相關的經驗支付額外的費用。這裡的邏輯是，平均而言，有經驗的員工為公司淨利增添的價值，應該會比沒經驗的員工還多。

另一個影響薪酬的因素是員工與雇主協議薪酬的籌碼。第二章提到的瑞克是紐約市消防員工會（Uniformed Firefighters Association of New York）的成員。這是一個強大的工會，為消防隊員及其眷屬協商了優厚的退休金及終身醫療保險。[32]工會透過集體談判來為消防員爭取權利與福利。成功的工會協商可以帶來更高的薪酬，也因此提高消防隊員的生命估計值。美國的工會比率比多數的富國低[33]，最低工資也比其他的富國低，這並非巧合。美國最低工資勞工的收入約是人均GDP的25%，這是富國中比例最低的國家之一。[34]美國的最低工資較低，反映了社會的公平感。

即使技能與學歷相同，行業本身也是決定薪酬的主要因素。例如，在避險基金公司擔任資料建模師的薪酬，往往比在學術界、醫療保健業、零售業、其他資料密集產業中擁有類似技能與學歷背景的人高出好幾倍。

有一些個人可影響的可控因素也會影響薪酬，例如薪酬隨著學歷提高而增加。有碩士學位的人比只有學士學位的人多賺 20％；有學士學位的人比只有高中學歷的人多賺 65％。[35]這種成長趨勢很合理，因為高等教育的學歷反映了完成學業者取得了某些工作所需的進階技能，也可以做為他從事特定工作的篩檢條件或能力證明。這也符合我們的公平感，因為那些完成學業的人已經投入時間與精力去提升他們的市場競爭力。

學歷的報酬率是看所學的內容而定。大學攻讀工程或電腦學位的投資報酬率，比攻讀藝術或人文專業的報酬率高得多。[36]薪酬差異與員工為公司帶來的獲利能力有關。

員工知道一份工作可能使健康與生命面臨較大的風險時，如果他很清楚風險增加多少，有其他的就業選擇，而且有能力協商薪資，他就可能談到更高的薪酬。前面提過，估算統計生命價值的一種方法，是計算從事風險較高的工作（例如採礦和商業捕魚）的薪酬溢價。公務員前往比較危險的海外地點任職時，也會獲得額外的津貼。[37]承擔額外風險時，應該獲得多少補貼才算公平？觀察有風險與無風險的工作薪酬模式是一個起點，但那不見得能為風險溢價做出精確的估計。難以精確估算風險溢價的因素很多，包括資訊不對稱、權力不對稱。事實上，員工往往不知道一份工作的風險。缺乏就業選擇的人（例如非法移民、有語言障礙的人），往往只能從事高風險的工作。從事高風險工作的人往往不是那麼趨避風險，幾乎沒有其他的工作選擇，協商薪酬的能力也有限。

以上列出的薪酬影響因素都很容易理解，也合乎情理，例如學歷、特殊培訓與認證、工作經驗。這些因素都代表員工有幫公司賺錢的能力。所以，能為公司創造更多獲利的員工薪酬較高（也就是說，公司為他們的時間賦予較高的價碼）。公司為獲利能力高的員工支付較高的薪酬，就像是主人根據奴隸創造的價值來支付奴隸的買價一樣。這樣說並不是把有償勞力與奴役混為一談，只是為了指出一個事實：在這兩種情況下，雇主都因為預期員工的時間可以創造更多的獲利，所以願意支付更多。

在控制這些因素後，薪酬還是會因為性別、種族等因素而產生差異。這種收入落差是根本的不平等，會產生重大的影響。在民事訴訟中，收入是決定賠償金額的關鍵因素。在九一一罹難者賠償基金中，收入是決定賠償金額的主要因素。更廣泛地說，任何使用收入來計算生命價值的算式，都會進一步加深收入差距的不平等。種族與性別造成的薪酬差距，使女性與一些少數族裔的生命價值遭到低估，因而得不到充分的保護。

性別薪酬差距是指控制其他影響薪酬的因素後，男女之間的薪酬平均差異。有一種常見的說法是「男性每掙1美元，女性掙0.77美元」，但這句話其實有誤導性，因為那反映了人口平均值，未考慮學歷、工作經驗、產業、職業、女性因生育而離開職場的時間等因素。[38]考慮那些因素後，性別收入差距依然存在，但差距小了很多：資歷與經驗相似的男女從事相同的工作時，女性的收入約比男性少10％。[39]以大學畢業一年後的男女來看，男女薪酬也有類似的差距：當職業與工作經驗相同時，女性收入約比男性少6％。[40]套用衡量生命價值的說法，控制生產力的相關要素後，雇主覺得男性員工的時間比女性員工的時間更值錢。這種性別薪酬差距所衍生的結果是，當我們拿收入來計算人命的經濟價值時，女性生命的價碼往往比男性低。

種族的薪酬差距是指控制其他影響員工生產力的因素後，黑人員工的薪酬低於白人員工。在各種學歷中，黑人男性的收入都低於白人男性，黑人女性的收入都低於白人女性。[41]這種種族薪酬差距很大——例如，無論是比較碩士學位、學士學歷或高中學歷，黑人員工的收入都比白人員工低25％至30％。[42]

法定的薪酬範圍很大。雖然許多非正規產業的工資低於法定最低工資，但薪酬的底限是由政府規範的。[43]在美國，聯邦政府規定的最低工資是時薪七．二五美元，沒有健康福利、退休金、帶薪假或其他福利的保障。農場季節工人的工資更低，沒有任何福利。

這些非正規經濟中的工作不僅工資低，而且通常比較危險，因為他們不像合法勞工那樣獲得保護。監獄裡的勞動工資更低，犯人的時薪通常是每小時幾美分。[44]

維生工資（living wage）是指讓勞工負擔得起住宿、食物、其他生活必需品的理論工資水準。美國的「最低工資對維生工資的比率」從一九六八年的94%，降到二〇〇三年的57%。這表示二〇〇三年賺最低工資的人，收入僅夠過體面生活的一半多一點。[45]美國的最低工資只有維生工資的一半，可見薪酬的方式很不公平。那些領最低工資的勞工，生命被貼上了較低的價碼。

在薪酬量表的另一個極端是收入最高的人。二〇一七年，美國最大的三百五十家公司的執行長薪酬是同公司一般員工平均收入的三百多倍。[46]一九七八年，這個比例才三十倍，可見這倍數成長有多大。雖然在全球各地執行長與一般員工的薪酬比例都比一九六〇年代及一九七〇年代高，但美國是特別異常的例子，因為澳洲、瑞典、日本、英國等富國的比例都比美國低得多。[47]

當我們把薪酬視為「一段生命的時間」與「金錢」之間的權衡時，美國的極端比例意味著，公司覺得執行長的時間價值是一般員工的數百倍。我們預期執行長的薪酬比一般員工多，他們的收入若是一樣，大家會覺得不公平。畢竟，擔任執行長需要經驗、過人的技能、知識、學歷和其他的專業知識，才能成功地領導公司。但執行長與一般員工的薪酬差異太大時，促成了以下的結論：在民事審判之類的情況中，他們的生命價碼也大不相同。以九一一罹難者賠償基金為例，費恩伯格在計算人命價值的公式中，為罹難者設定了一個最低人命價碼及收入上限，以具體展現他所想的公平性。如此衍生的淨結果是一個價碼範圍，最高賠償金與最低賠償金的比率約為三十比一，這個比例比美國執行長的薪酬與一般員工的薪酬比例小了一個量級。

一般來說，資本主義以及它對利潤的追求，是促進經濟成長與發展的強大動力。資本主義有助於推動健康、教育、財富的改善，但它也有可能造成破壞。這裡的破壞不是商業雜誌上吹捧的創造性破壞，而是真正的破壞。一味地追求獲利，不受法律與道德的約束，可能導致不必要的痛苦與死亡、環境破壞、病態的短視近利。因此，我們需要法律、法規及其他的限制來駕馭資本主義的正面發展，同時控管其負面發展。

如果沒有法律限制、監管機構、保持警覺的記者、消費者維權組織、公共監督團體、非政府組織、活動人士來制衡那些盲目追求利潤所衍生的危險，會有多少人因此喪生？

下一章將討論的，是個人決策如何影響是否購買壽險以及投保金額（自我評估自己的重置價值）的決定。

第六章　我希望像爺爺那樣死去

在一張哭泣嬰兒的圖片底下，標題寫著：「你為什麼沒幫我做好規畫？」這個壽險廣告精準地鎖定了受眾，充滿情緒感染力，效果十足。什麼樣的父母看了那張海報後，不會思考自己需不需要投保壽險呢？已經投保的父母會想：「我保的額度夠嗎？」未投保的父母看了那個哭泣的嬰兒後，難免會感到內疚。這則廣告的效果很好，因為我們都很在乎嬰兒的天真，了解嬰兒的脆弱。這個廣告在情感面與我們產生共鳴，無疑促使許多人投保壽險，以便為家人提供一些保障。然而，另一種效果沒那麼好、但比較誠實的標題是：「萬一你明天掛了，你的生命該要有多高的估值，我才得以經濟無虞？」

在討論生命的價值時，壽險是很重要的議題，因為對許多人來說，這是為人命貼上價碼的情況中最明顯可見的一種。壽險與目前為止討論的其他價碼例子不同，因為它是在競爭市場中買賣的，價碼是由消費者決定。此外，個人可以選擇要不要投保壽險以及投保金額。

相較於目前為止討論的其他類型價碼，公平性在決定壽險價格方面不是那麼重要，這主要有幾個原因：首先，壽險價格是由消費者決定的，而不是由經濟學家、企業分析師或監管機構等他人決定的。如果消費者認為他應該投保較高的金額，只要他負擔得起，決策權都在他手中。

第二，壽險市場是個競爭市場，所以經濟學家不需要估算價格。壽險成本眾所皆知，不像統計生命價值是透過調查推斷出來，或根據人們支付的意願估計出來的。

第三，壽險成本是根據死亡風險算出來的。判斷一個人的死亡風險時，其背後的數學是以「生命表」（life table）為基礎，那是一個簡單的概念，已有數百年的歷史。

第四，壽險公司的銷售動機不是為了公平，不需要確保產品的公平配銷。壽險公司通常是營利事業，目標是追求獲利最大化，同時在價格與產品上與許多對手競爭。在美國，壽險是一個產值數兆美元的產業。[1] 二〇一七年，美國個人壽險保單的面值總額是十二兆美元，相當於美國當年GDP的三分之二。[2,3] 二〇一七年，美國約有二．八九億份有效的保單，平均幾乎每個美國人都有一份保單。[4,5] 保險公司發起強大的行銷活動來刺激消費者對其產品的需求，想買壽險的顧客可以輕易在網上或透過保險經紀人取得報價。

這並不是說壽險不需要考慮公平性。後面我們會提到，壽險公司判斷風險或死亡率時可合法使用的因素（以及他們選擇使用的因素），會涉及到公平性的考量。此外，壽險保單的定價反映了社會與該公司的價值觀。這些限制與選擇帶出了以下的問題：這種生命評價中，究竟什麼是公平的，什麼是不公平的？性別與種族等因素所造成的薪酬差距，會影響個人購買壽險的能力——公平性在這方面也有一些間接的影響。

消費者決策

消費者投保的金額（為壽險而制定出的一種生命價值），與其他的價碼截然不同。這種生命估值是一種自我評估，由保戶自己決定。它不是由一個獨立的群體（例如民事審判中的陪審員）估算出來的，也不是由經濟學家根據某種計算（例如統計評價）估算出來的。

在考慮要不要買壽險時，你需要回答幾個問題，其中最重要的是：你需要壽險嗎？你應該買哪種壽險，是定期壽險、還是終身壽險？[6]誰是你的受益人？你需要投保多少金額？投保金額就是直接評估你的生命價值。

你是否真的需要投保壽險，這個問題取決於一些關鍵資訊，包括你是否有眷屬、他們的財務需求是什麼，以及你可以隨時用來支付那些需求的資產價值。

為了評估你的生命價值，你必須做的重要決定包括：確定你的受益人，以及每個受益人應該獲得的金額。受益人通常是投保人的近親，例如配偶或子女。但是話又說回來，選誰為受益人通常沒有限制——你可以以你熱愛的母校當受益人，甚至以你的寵物當受益人。當然，如果你想不出來該選誰為受益人，你很可能不需要壽險。

最後一個問題是投保金額是多少。這個決定不僅取決於需求與必要的重置價值，也取決於保險成本。雖然你可以直接選一個「聽起來不錯」的整數（比如一百萬美元），做這個決定時，最好有一個明確的目標。有幾種方法可以幫你決定壽險的投保金額。

如果你投保的目的是想確保眷屬在你不幸提早死亡後的生活方式不變，投保金額至少要跟你活著時所貢獻的金額一樣，這就是所謂的「替代收入需求」。這與九一一罹難者賠償金計算中確定經濟價值的方式類似。為了估計你的替代收入需求，你不僅應該考慮你的薪水、福利、退休儲蓄，還應該考慮受益人在你去世後需要付錢請人來做的任務。如果你負責賺錢養家，也負責送孩子上學，萬一你過世了，賺錢與送孩子上學的需求依然存在。這是購買保險的過程中需要考慮的嚴肅部分，這些部分對於評估價值很重要，那可能包括托兒、打掃家裡、做飯、開車等任務。當然，由於你已經不在人世，你不會把錢花在自己身上，所以你應該減去個人消費，比如你花在衣服、娛樂、旅行、食物上的錢。這是一個發人深思的詳細計算，清楚顯示你的家人需要多少保險金來取代你的所有經濟貢獻。

由於這種計算把收入列為主要輸入資料，前面提過與收入有關的所有不平等（例如種族收入差異、性別收入差異）都會因此放大。全職父母沒有收入，卻也是提供無償的服務，諸如照顧孩子、做飯、打掃、開車、其他家務支援，他們也需要替代收入。這種替代收入需求反映了需要花多少錢請人來做全職父母提供的服務。同樣地，沒有收入但負責照顧年邁父母的人也有替代收入需求，那需求反映了照顧父母的費用。

替代收入需求的計算結果很明顯。收入較高的人有較高的替代收入需求，需要較高的投保金額。

計算替代收入不是你能採取的唯一方法，你也可以從相反的角度來估計適合受益人需求的保險金額：從倖存者（需求）的角度出發，而不是從你當前的貢獻（供給）出發，這種方法稱為「倖存者需求計算」。對於這種方法，你需要計算倖存者需要多少錢才能享有某種生活型態，這可能包括支付房貸或房租、醫療保險、食物、衣服、大學學費的成本，直到他們有能力賺夠錢支付帳單。你的眷屬越多，「倖存者需求計算」的估計值越高。生活型態的預期會影響這種計算。沒有預期孩子上大學的父母，就不必在「倖存者需求計算」中考慮大學費用。相反的，決心幫女兒支付學費直到她從醫學院畢業的家長，則需要把學費也納入估算。

「倖存者需求計算」得出的結論是，當你預期倖存者將來會過比較昂貴的生活形態時，你就需要投保較多的金額。

確定需要的投保金額後，接著是要比較這個總數與你的流動資產。流動資產是指可以迅速變現的資產。如果你的流動資產（例如股票、債券、現金）超過需要的保險金額，那你可能不需要投保壽險。非流動性資產（例如房屋、汽車）不容易變現，而且即使你賣掉它們，你大多還是需要替代品。例如，房子可能要很長的時間才賣得出去，而且一旦賣出，倖存者仍需一個居住的地方，這表示他們需要付租金或另一筆房貸。一般人通常沒有足夠的流動資產可以支應計算出來的需求。這種情況下，購買壽險就很合理。

上述兩種算法──「替代收入需求」與「倖存者需求計算」──都試圖回答一個問題：萬一你無法為眷屬提供金錢（透過收入）與服務（例如接送孩子等等），你的眷屬需要多少錢才能支應某種生活型態。這可以視為你的生命價碼的一部分，因為它只關注你的眷屬獲得的直接利益，沒有考慮其他人或其他事。那個數值沒有反映你對別人（眷屬以外的人）的貢獻，例如你對社會的貢獻，以及其他沒有貨幣化的互動。

二〇一六年新壽險保單的平均面值是十五萬三千美元。[7] 相較於「統計生命價值」的估算值，這個數值很小──由此可見，衡量人命價值的方法與目的不同時，會產生截然不同的價值。壽險關注的是當某人提早死亡時，在財務上幫助其受益人。相較之下，監管機構關注的是以性價比的思維來掌控群體風險。

對壽險的需求通常會隨著財富增加，即使在財富特別少與特別多的極端情況下，壽險需求可能會減少。不意外地，家戶收入超過十萬美元的家庭投保壽險的機率，幾乎是家戶收入不到五萬美元家庭的兩倍。同樣地，六十五歲或以上的成人有壽險的機率，是二十五歲以下成人的兩倍多。這可能是那個年齡的財富、家庭地位、預期壽命使然。[8]

這裡可以回顧一下前面虛構的九一一罹難者個案，看他們如何處理這些壽險問題，因為他們正好橫跨了不同的年齡層與社經階層。

消防員瑞克有穩定的中產階級收入，他透過消防隊投保價值十萬美元的壽險，但由於他沒有眷屬，他指定兩個兄弟為受益人。他的計畫是在結婚後把投保金額提高到五十萬美元的上限，並把受益人改為妻子。他之所以選擇五十萬美元這個數字，純粹是因為那是消防隊補貼壽險的上限。[9]

吉姆是企業高階主管，妻子與雙胞胎都靠他的收入維持他們想要的生活形態。吉姆的公司幫他保了一份價值數百萬美元的壽險，做為其高階主管薪酬的一部分。他已經為女兒就讀私立學校、請家教、上大學預留了一筆錢。即使家人花光了所有的錢，吉姆覺得他們還可以賣掉一些他的財產。吉姆的妻子沒有收入，不需要打掃家裡，也不開車，但負責料理家裡的三餐及照顧孩子。所以吉姆覺得幫妻子投保五十萬美金的壽險是不錯的統計估算，萬一她過世，那筆保險金可以用來雇用替代服務（照顧與輔導孩子及烹飪）。

艾妮塔的薪資只夠勉強糊口，要不是女友艾胥麗的經濟支持，她早就露宿街頭了。她們兩人都沒有考慮過購買壽險。像他們這樣沒什麼閒錢的年輕人，一心只想著怎麼支付下個月的房租，買壽險根本不在考量之內。

薩貝斯汀的父親與母親都有收入。他的父親每年從貝沙灣鄉村俱樂部獲得的年薪是三．五萬美元，每個月他會寄給薩貝斯汀的母親近一千兩百美元，那是離婚協定的一部分。薩貝斯汀的母親在住家附近打零工，每年的帳外收入近一．五萬美元；另外，當兼職出納的帳內收入是一．二萬美元。她也花無數的時間做飯、打掃、照顧孩子。他們曾經找一個保險代理人來討論他們應該買多少壽險。在計算替代收入需求後，他們得出的結論是，為母親投保的金額應該比父親多。後來他們夫妻倆失和，保險一直沒買，但每次薩貝斯汀的父親看到那個哭泣嬰兒的廣告時，他都會思索他沒買壽險對家人是不是正確的事情。

回顧了這些壽險決策的例子後，現在可以來研究交易本身了。我們把焦點放在保額一百萬美元的二十年定期壽險上，把它視為單純的商業交易，保費及保險理賠都是透明的。前面討論了需求面，現在來探討供給面，亦即保險公司銷售壽險的觀點。

壽險公司追求利潤的方式，是盡量拉大它收取的保費與保險成本之間的差額。由於保險業競爭激烈，最成功的壽險公司是那些為預期壽命精確建模的公司。具體來說，壽險公司想要建立非常精確的生存曲線，以預測你在未來一年、兩年、三年或二十年的生存機率。這些機率乘上保費與賠付，就可以預測像你這種保單的典型金流。統計上來說，如果有成千上萬個像你一樣的人買同一份保單，那就是一段時間內預期的平均金流。把折現後的金流加起來，保險公司就會得到那保單的淨現值。保險公司希望保單有很高的正淨現值，或者，用個不是那麼專業的說法，他們希望盡可能提高獲利。你支付的保費越多，而且保險公司理賠保單的機率越小，保險公司賺得越多。

長期保單的保費較高，因為你活得越久，年紀越大，死亡機率越高。精算師建立的生命表是按年齡去追蹤未來每年死亡的機率。這些生命表代表全人口的平均值。此外，男性與女性各有不同的生命表，不同種族也有不同的生命表。

我們可以把壽險公司比喻成賭場。賭場知道它輸贏每場賭局的機率。由於賠率對賭場有利，它的商業模式就變成一種數字遊戲：簡單地說，賭場中投注的人越多，賭場贏的機率越大。雖然有些人可能會贏，但是賭場稍占上風的贏率為賭場帶來穩定的獲利。同樣地，保險公司也有生存機率的估計值，它的保費是訂在平均有獲利的水準。有些保戶提早死亡，那些保單讓保險公司賠錢了，但由於保戶有成千上萬人，保險公司的獲利是來自「保費的折現值」與「理賠總額的折現值」的差額。對賭場及壽險公司來說，賠率都對他們的獲利有益。以保險公司為例，那些活得比生命表的統計預期還久的保戶所繳的保費，就足以抵消提前死亡的保戶所申請的保險理賠金。同樣地，在賭場，所有賭客賭輸的錢拿來支付那些贏錢的賭客還綽綽有餘。賭場與壽險公司只有一大區別：如果你持續買定期壽險，總有一天會領到理賠金，因為你遲早會死，你的受益人會領到一筆錢。當然，你領到的理賠金可能比你把保費拿去投資其他東西（例如免稅債券）賺得少。

預測死亡

保險公司試圖建立最精確的預測模型。越能找出所有預測存活的因素並把它們納入模型中，對保險公司越有利。而從建模列入了哪些因素，我們就可以追問什麼是合法的、什麼是公平的。

保險公司從保險申請者及既有的保戶蒐集廣泛的資料，這些資訊包括性別、年齡、身高、體重、家族病史、職業、菸酒用量、病歷、當前的健康狀況（透過體檢取得）。有時，他們會蒐集有關種族、毒品使用、駕駛紀錄、信用紀錄、嗜好的資訊。每個更能預測提早死亡的因素，都可能導致保費提高——也就是說，如果法律允許保險公司使用那個變數，保險公司也決定使用那個變數的話。

以隔年死亡的機率來說，新生兒的機率最高。美國是所有富國中嬰兒死亡率最高的國家之一。出生第一年，每千個活產嬰兒中，就有六人死亡。[10]隔年死亡的機率隨著年齡下降至約十二歲，接著開始穩步增加。平均而言，五十歲美國人隔年死亡的機率是0.4%，六十五歲美國人隔年死亡的機率是1.3%，八十歲美國人隔年死亡的機率約5%。[11]由於老人隔年死亡的機率較高，如果保險收益維持一致，保費會隨著年齡提升而增加。

在世上，幾乎每個國家女性的壽命都比男性長，女性的平均預期壽命比男性多了約五年。[12]八十歲女性隔年死亡的機率約4.3%，男性是5.8%。所以，其他條件一樣下，女性的壽險保費應比男性低。

在美國生活的許多方面（包括保險），種族都是一個敏感話題。有確鑿的資料顯示，美國人的預期壽命因種族而不同。例如，八十歲黑人男性隔年死亡的機率是7％，白人男性是5.8％，拉美裔男性是4.7％。[13]

家族病史，尤其是祖父母、父母、兄弟姐妹的病史，也會影響你的存活機率。如果你的父母在五十出頭時死於基因相關的疾病（例如冠狀動脈疾病、糖尿病、中風或癌症），你的保費可能比那些父母九十五歲還健在的人高得多。關於家庭病史的審查，讓人想起一個經典的笑話。一個壽險投保人說：「我希望像爺爺那樣，在睡夢中安詳地死去……，而不是像他車裡的乘客那樣拚命地尖叫。」

保險公司除了要求你提交家族病史和你自己的病歷以外，通常也會要求你去做體檢以評估你目前的健康狀況。有心血管疾病、高血壓、抽菸、酗酒、嗑藥或肥胖史的人，可能保費較高。抽菸者的保費有時是不抽菸者的兩倍或以上，因為抽菸會使死亡風險增加。[14]

職業比較危險的人，例如伐木、捕魚、採礦、運輸、農業、營建等等，可能保費也比較高。

駕駛紀錄對壽險公司很重要，因為二〇一六年美國車禍死亡的人數逾四萬人，其中死亡率最高的是年輕人（十五至二十四歲）和老年人（七十五歲以上）。[15]資料顯示，有不良駕駛紀錄的投保者（例如有車禍紀錄的人）風險較高，所以保費也比較高。

有些投保者可能在得知保險公司常考慮投保者的生活型態時會很訝異。冒險的生活型態與嗜好（例如跳傘、滑翔翼、浮潛、攀岩、衝浪、極限運動、賽車、私人飛行），也可能使保費增加。

保險公司之所以考慮這些廣泛的因素，是因為他們希望做出最明智的決定——他們想盡量精進模型以提高獲利。建模越精確的公司，更能為產品設定有利的價格，獲利也會比建模不是那麼精確的公司好。這表示公司使用法律允許的任何變數，都可以享有競爭優勢。顧客無法控制的變數（例如年齡、種族、家庭病史、遺傳）可能使保費提高或降低。有人可能具備好幾個不可控制的因素（例如罹患某種罕見的遺傳疾病），導致他提早死亡的機率很高。為了抵消這種個案的高死亡率，壽險公司會向那個人收取很高的保費，甚至高到嚇跑顧客，藉此把他排除在保險市場外。

攀岩、抽菸、滑翔翼、酗酒等危險的生活型態是可控的，因此投保者可以選擇要不要為這些因素改變生活形態以降低保費。但壽險應該是提供保險，而不是主導一個人的生活方式。

當我們問：「評估風險時，考慮哪些可控與不可控的輸入變數是公平且恰當的？」

教科書上鼓吹自由市場的回答通常是，在競爭市場中，保險公司有動機使用任何法律允許的變數以強化其競爭力。法律規章限制了保險公司可用及不可用的資訊。[16]這些法規多多少少反映了社會對公平性的判斷，儘管其他因素（例如特殊利益團體的遊說）也會影響法律。大眾倡議者與監督組織在審查法規時，必須隨時注意監管俘虜的現象（這指的是監管機構促進了產業利益團體的特殊考量，而不是從大眾利益出發）。[17]

在美國，沒有聯邦法律明文禁止壽險公司把種族、宗教、國籍或性別納入考量[18]，而是把壽險公司的監管交給各州政府，每一州在這方面都有自己的監管權。結果顯示，關於什麼是合法的，沒有一套放諸各州皆準的答案。許多州並不禁止保險公司根據種族、國籍或宗教，對投保者展現差別待遇；有些州則是明文禁止這種差別待遇。這表示，保險公司為保單定價時，究竟考慮哪些因素是合法或公平的，全美並沒有統一的共識。那些規定明顯影響了誰承擔了較多的財務負擔。當法規要求風險較高的群體與風險較低的群體定價相同時，風險較低的群體為其風險多付了保費，或者套用商業術語來說，風險較低的群體是在「補貼」風險較高的群體。

以年齡為例。沒有一個州禁止保險公司計算壽險保費時考慮年齡因素。如果有某個州禁止保險公司這樣做，所有年齡層為同樣的保險支付的保費將會一樣。在其他因素相同下，這表示年輕人補貼了老人的壽險，因為年輕人支付的保費比他的死亡風險隱含的還高。

其他的不可控變數也很重要。前面提過，許多證據顯示女性的平均壽命比男性長。事實上，從十八歲到九十九歲的每個年齡層，男性隔年死亡的機率都高於女性。女性的生存優勢也隨著年齡增長而增加。六十五歲的男性隔年死亡的機率是1.6％，同齡女性則是1.0％，兩者的絕對差異是0.6％；到了八十歲，兩者的差距擴大到1.5％。[19]多數州允許壽險公司在建模時考慮性別，但蒙大拿州禁止這樣做。由於按性別收不同保費在蒙大拿州是非法的，壽險公司必須使用不分性別的生命表。因此，蒙大拿州的女性補貼了男性的壽險。

預期壽命的資料清楚地顯示，種族是預測存活率的重要因素。黑人的存活率低於白人或拉美裔。多數州沒有明確禁止壽險公司在計算保費時考慮種族，不過有一些州禁止這樣做，包括加州、喬治亞州、紐澤西州、新墨西哥州、北卡羅來納州、德州、華盛頓州、威斯康辛州。相反地，路易斯安那州的法律明確地規定，壽險公司可以在計算壽險保費時考慮種族。[20]有些州沒有明文禁止保險公司考慮種族，因為他們認為種族不是變數，所以沒有必要特別規定。那種假設有合理的邏輯。雖然十九世紀以來就有因種族而異的保險，但一九四八年大都會壽險公司（Metropolitan Life Insurance Company）開始消除按種族收不同保費的作法，到了一九六〇年代，多數大型壽險公司都是使用綜合生命表，主動忽略種族之間的預期壽命差異。[21]

拉美裔與白人的平均預期壽命比黑人長。保險公司使用綜合生命表時，是讓拉美裔與白人補貼黑人的壽險——這是一種產品交叉補貼（cross-subsidizing）的例子。[22]這也難怪，二〇一四年一份壽險業的報告顯示，黑人投保壽險的比例（69%）高於拉美裔或白人（52%）。[23]所以，吉姆為妻子買壽險是一種謹慎的做法，從統計上來說是很好的賭注。底下數據也佐證了這點：66%的拉美裔表示，壽險費是導致他們沒有投保或投保金額不高的主因。相較之下，僅55%的黑人這麼說。此外，22%的黑人表示，他們極有可能或非常可能在明年買壽險，但拉美裔的比例僅14%。[24]值得注意的是，雇主也是影響一個人是否購買壽險的因素。如果雇主願意補貼壽險費用，保費會顯得更容易負擔，讓人更有可能投保。

如果有太多的逆向選擇（adverse selection）*，交叉補貼可能失效。也就是說，低風

*編按：指在契約簽訂或交易完成前，因雙方存在資訊不對稱，資訊少的一方為避免受損害而做出不利自己之選擇。

險者不願多付保費，因此決定不投保。少了低風險群體來抵消高風險群體的影響，保費就需要調漲。同樣地，高風險群體對自身風險水準的了解，可能比保險公司更多，所以他們可能更願意投保。例如，想像某人做了一系列的基因檢測，結果顯示她罹患乳癌的機率很高。保險公司不見得會拿到那些檢測結果，所以如果這個人買了高額壽險，那是因為她比保險公司更有優勢。

在壽險的討論中，我們把焦點放在一個人為自己生命投保的情況。但也有其他情況下，壽險是由第三方投保的，例如雇主。九一一恐攻後，在罹難家屬獲得賠償之前，一些雇主已經從他們為員工投保的壽險領到理賠金。[25] 雇主幫員工投保壽險的動機，可能是為了管理因失去優秀員工而承擔的一些風險，或因為他們覺得投保是「不錯的賭注」。從雇主的角度來看，保險金額反映失去員工對公司財務的可能影響，但不見得總是如此。如果公司有資訊可以判斷幫員工投保是不是良好的財務決策，它可以選擇投保金額高於或低於那個潛在財務影響。

第三方介入壽險市場的另一個例子是保單貼現市場（viatical market）。保單貼現公司會在投保人急需用錢的情況，購買其持有的保單。例如某人罹病已達末期，無法支付救命的藥物。這種公司付給保戶的錢，少於保戶死後它變成受益人所領的理賠金。這種公司的獲利是來自這個差額，但公司也需要為保戶的餘生支付保費。這是一種商業交易，如果保戶迅速死亡，公司的獲利最大，但如果保戶活了很久，公司可能賠錢。

在壽險中，生命估值並不是一個完整的價碼，它只是一個與財務需求及支付能力有關的部分價碼。它與許多生命價碼不同，因為某人為自己投保時，他是為自己的生命定價，而不是把定價的責任交給外部團體（例如陪審團或經濟學家）。由於這個價碼通常是自己決定的，在這個領域，個人可以掌控其生命價值。如果你犯了謀殺罪，你無法確定你會得到什麼懲罰。如果你不小心開車撞死人，你不能直接開一張支票，支付你自己決定的金額，然後就終止義務。你沒有機會去國會面前針對你的生命價值，以及為什麼立法者應該採取更多措施來避免你和家人受到污染物、有毒廢物、其他危險的傷害作證。但是，如果你想買壽險，你確實可以決定投保金額及受益人是誰。簡言之，談到壽險時，你可以決定你個人生命的替換價碼，但你賦予個人生命的價碼越高，你就必須支付更高的保費。

壽險保障涉及個人決定的投保金額，亦即為自己評估生命替換價值。壽險關注的是死後的給付，醫療保險（下一章的主題）關注的則是患者需要藥物、療程或其他醫療保健來改善生活品質的給付。監管機構與醫療保險公司在評估該為新的醫療技術支付多少錢時（例如新藥或新療程），通常也會為人命賦予一個價碼。

第七章　回春

一九九〇年，特麗．夏沃（Terri Schiavo）在心臟驟停後，腦部嚴重受創，被診斷為永久性植物人。[1]多年治療無效後，她的丈夫（也是法定監護人）於一九九八年請求幫她移除進食管。這個決定引發了他與夏沃父母的法律糾紛。雙方對簿公堂，案子歷經不同法院的審理、申訴程序，甚至訴請州長及總統協助。二〇〇五年，法院做出最終裁決，移除她的進食管。夏沃在兩週後過世，然而十五年處於植物人狀態下，她在醫療與臨終照護累計的成本高達數十萬美元。[2]所有醫療系統的財務資源都是有限的，我們有必要質問，幫夏沃維繫生命的那些錢，用來挽救其他人的生命是否更好？更廣義地說，這帶出了一個重要的問題：如何分配有限的醫療資金最好？

我們賦予生命及生活品質的價值，最能反映社會對公平性的看法。在延長壽命或改善健康上的花費，顯示我們投資未來的意願。社會對公平的評估取決於影響那投資決定的因素，例如個人的收入、預期壽命、治療費用、成功機率，以及那些因素的權重。我們賦予健康的價碼會影響個人決定（例如是否抽菸）和社會決定（例如是否優待富人、營利組織或關切其他問題）。

人類健康沒有固定的單一價碼，這個價碼取決於多種因素，包括誰買單？提供什麼服務？服務在哪裡提供？誰提供這項服務？更廣義地說，這個價格取決於我們如何定義健康。為了方便討論，我們採用比較狹義的健康定義，亦即無病無傷的狀態。[3]

決定健康的價值，或者更廣義地說，決定生命的價值時，最重要的考量之一是：我們考慮的是誰的觀點。我們是討論營利事業嗎（營利事業需要決定它要給付哪些治療，不給付哪些治療）？我們是在描述憲法規定國家健保必須提供基本的醫療服務時，應該涵蓋哪些服務嗎？我們是在討論一個人願意為了挽救自己或孩子的生命而支付多少治療費嗎？這些問題的答案都會衍生不同的健康價碼，促成不同的建議行動。

健康的價值不僅是監管機構及營利事業需要考慮的議題，一般人日常的優先要務也與健康有關。你的健康決策反映了你在時間與金錢運用上的優先考量，以及你對健康風險的看法。[4]這些決策顯示你在現實中多重視你的健康與生命。你午餐是點沙拉，還是吃漢堡配薯條？你抽菸嗎？你是走路、騎單車，還是開車上班？你是投保綜合健康保險，以涵蓋大部分的醫療費用，還是依賴災難險來支應超過某個高自負額的醫療費用，還是冒險碰運氣，根本沒有健康保險？雖然這些決定與其他決定可能會改善或損害你的健康，但是在健康方面，沒有什麼事情是一定會發生的。

在二〇一〇年全球健康倡議策略（2010 Global Health Initiative Strategy）中，美國政府指出健康的根本重要性：「健康是人類進步的核心，決定父母能否工作養家，孩子能否求學，婦女能否安全分娩，嬰兒能否成長茁壯。在衛生服務健全又便利的地方，家庭與社群蓬勃發展；在衛生服務難以取得、脆弱或根本不存在的地方，家庭受苦受難，成人早逝，社群分崩離析。」[5]

這段敘述凸顯出一個重點：我們不該只把維持及改善健康視為開支。健康是一種投資，可以帶來很大的回報，因為健康是強大的助力。[6]健康的人更有生產力，更有能力參與經濟成長，貢獻社會。[7]我們往往忽視健康的存在，直到失去了健康才萬般懷念。

賦予健康一個價碼很難，而且就像評價生命一樣，充滿了爭議。駕駛教練曾經半開玩笑地對我說，萬一開車輾過行人，「倒車把他輾斃」可能更省錢。九一一罹難者賠償基金的賠償金額顯示，駕駛教練的說法確實可以套用在一些個案上，因為一些傷者的賠償金超過了死亡賠償金。同樣地，一些民事案件的判決顯示，傷害賠償金可能超過不當致死的賠償金。這種判決看似有悖直覺，但它的理由是：終生的醫療費用及失能限制可能是非常高昂的代價。這種邏輯很容易遭到批評，畢竟，我們還有另一種解讀的可能：我們對生命的重視不夠，只要賦予生命更高的價值，生命的價值將總是高於受傷的價值。

衡量指標與監管機構的責任

監管機構的任務是考慮社會受到的影響，而不是像營利事業那樣只關注淨利。不同的監管機構對健康的價值有不同的看法，那些看法會影響他們如何估算及使用健康的價碼。前面我們看到，環保監管機構使用「統計生命價值」來判斷，提高空氣、水、其他環保標準所拯救的生命及保護的健康可創造多少效益。提高環保標準也可以減少疾病與傷害的發生率。為可能的新法規做成本效益分析時，需要考慮新法規挽救生命及防止疾病與傷害的效益。健康受損的代價包括痛苦、虛弱、無法執行原本可行的基本功能、無法享受休閒活動等等。

對環境監管機構來說，要評估新環保標準對健康的效益，首先需要瞭解暴露在污染物下與罹病風險之間的關係。訂定水中毒素（例如砷）的可接受濃度時，需要先瞭解較高的砷濃度對健康有何影響，包括更容易罹患哪些疾病（例如癌症、心血管疾病）。[8]同樣地，在規範燃煤發電廠製造的污染時，需要先瞭解主要污染物（例如二氧化硫）與它們造成的健康衝擊（例如支氣管收縮和氣喘增加）之間的關係。[9]監管機構量化了污染物與疾病之間的關係後，接著會估計每種疾病可能影響多少人。最後，他們會為大眾健康受損及失去的生命附上價碼。

衛生技術監管機構做決策時，考量的因素與標準異於環境監管機構。衛生技術監管機構需要判斷，如何在固定的預算下拯救最多的生命。他們審查的技術類型包括藥物、裝置、療程（例如疫苗和抗生素、電腦斷層掃描與磁振造影，以及追蹤患者活動與服藥遵從性的智慧型手機應用程式之類的數位健康技術）。衛生技術監管機構在評估是否投資衛生保健干預、藥物或療程時，考慮的因素很多，包括在成本與效益之間拿捏平衡。例如，這項新技術對健康的效益真的值得花那麼多錢取得嗎？更廣泛地說，衛生保健規畫者（無論是政府、還是健保局）都需要決定投資報酬是否值得。無論採用哪種方法來評估健康成本，我們在很多其他的情況中看到，折現會使分析結果更有利於當前患者的健康，而不是未來患者的健康。折現也常導致大家對治療的重視，更勝於可能避免重大健康問題的疾病預防措施。

決定健康價碼就像決定生命價碼一樣困難。有開放的競爭市場可以交易產品時，很容易看到產品的價格。例如，我們可以輕易看到大家願意為雞蛋、柳橙汁、汽油付多少錢。但是健康不是在開放的競爭市場上交易的商品。我們不是直接在年初支付某個固定價格，以購買未來一年的健康。由於健康無法像商品一樣公開交易，健康的估價需要經濟學家開發出聰明的方法，為那些無法買賣的項目指定價碼。

衛生經濟學家設計了多種衡量健康價值的指標，包括一些追蹤健康成本與健康影響的指標。根據這些指標所做的決定可能產生深遠的影響，決定誰能獲得什麼樣的醫療保健。因此，這些決定會影響到誰的壽命得以延長，誰的壽命提早結束。儘管選擇一種衛生經濟指標而不選另一種指標可能產生很大的影響，指標的決定權往往落在技術專家的手中。若能對常用的指標及其影響做清楚的審查，對大眾來說是非常寶貴的，可以讓大眾更了解挑選某些指標的影響，然而現實中往往沒有這樣的審查。

指標的挑選是看決策者的觀點與優先要務而定，包括他們認為怎樣算「公平」。有些情況下，目標只是要盡可能降低醫療成本。在這種情況下，預算有限，他們會盡量削減成本，對健康受到的影響僅有些許注意。但即使唯一的目標是盡量削減成本，仍需考慮一些關鍵因素，例如預防醫學（目的是減少罹病機會）和治療醫學（焦點是治療需要護理的病患）之間的取捨。

也有一些情況下，他們會做成本效益分析，估計結果的成本（比如避免每個愛滋病例的成本、偵測到每個癌症病例的成本，或每次再度住院的成本）。例如，我們可以輕易比較不同的預防方法（比如針頭換新方案、發送保險套方案、接觸前預防）在避免每個愛滋病例上的成本，看哪種方法在預防愛滋病毒的傳播最有效率。成本效益分析可以幫決策者為這些不同的愛滋病方案排出優先順序。然而，當你要檢查不同的結果或比較不同疾病的投資時，成本效益分析就出現局限性了。它無法比較投資於愛滋病毒預防、癌症治療、心血管疾病預防或其他與愛滋病毒預防無關的健康方案的優點，因為這些方案的結果（避免愛滋病毒傳播，治療癌症、預防心血管疾病）都不相同。

為了以相同的結果進行比較，衛生經濟學家是使用成本效用指標（cost-utility metrics），例如挽救每條生命的成本、挽救每一生命年（life year）的成本、每一品質調整生命年（quality-adjusted life-year，QALY）的成本、每一失能調整生命年（disability-adjusted life year，DALY）的成本。[10]算「生命年」很簡單又透明。大家對於一個人是否還活著，可以輕易達成共識。相對地，「品質調整生命年」及「失能調整生命年」則比較複雜，也不透明。這兩個指標都做了調整，導致一般老人的每年生命價值不如一般年輕人的每年生命價值——這馬上引起大家質疑這些指標所使用的假設是否公平。DALY常使用年齡加權，而且年輕時的生命加權較多。[11]這表示使用DALY的分析，對一個人每年的生命評價並不一樣，發生在二十歲的殘疾遠比發生在六十歲的殘疾重要。此外，折現也會套用在DALY分析上，那又進一步削弱老人生命的價值。而且，「品質調整生命年」及「失能調整生命年」所使用的權重並非普世真理，那權重只反映了一些人的優先順序，而不是所有人的。假設分析經過品質調整與失能調整後，結果顯示：拯救一個健康的六十歲老人，比拯救一個髖部骨折、罹癌或有愛滋病的六十歲老人還重要，這時公平性的問題又出現了。[12]

衡量「挽救每條生命的成本」時，不會區分挽救的是誰的生命。它是假設拯救一個新生兒和拯救一個十五歲或九十歲的人一樣重要。但以「挽救每一生命年的成本」進行檢視時，年輕人的壽命就比較有價值了。想像一下，你只能在十五歲的年輕人與九十歲的老人之中挑一個人來治療。如果治療成本及治療成功的機率一樣，拯救每條生命的成本也會一樣。但是，拯救一個十五歲的年輕人後，我們預期他可以多活很多年。相反地，挽救一個九十歲的老人後，我們可能只幫他延長短短幾年的壽命。選擇使用「挽救每一生命年的成本」這個指標時，就表示你對年輕人生命的重視更勝於老年人。

「挽救每條生命的成本」也沒有區分那個人的預期健康與生產力。想像一下，兩個新生兒罹患相同的先天性心臟病。這種病需要動手術、術後治療、追蹤，那將花費數十萬美元，而其中一位新生兒還有嚴重的發育問題，心智無法發展到兩歲孩子的水準。兩個新生兒應該獲得同樣的醫療照護嗎？在決定花多少錢拯救每個新生兒的生命時，應該把預期的長期潛力納入考量嗎？

同樣地，以安寧照護為例。一個永久性的植物人，連部分恢復的機率都趨近於零，我們應該花多少錢讓他繼續活下去？如果這個人已經立了生前遺囑，那會寫明他想要的方式，但幫他維持生命的帳單必須由他人承擔，不管是健保公司、醫療照護提供者、政府還是個人儲蓄。如果這個人沒有立下生前遺囑，就由他的法定監護人來判斷。

我們知道，一般來說，九十歲的人不僅預期的餘命比十五歲的人短，每年的醫療保健費用也高得多。工作年齡的成人（十九歲至六十五歲）在醫療保健的支出，一般比十八歲或以下的兒童多約70％，而六十五歲及以上成人的醫療保健支出是兒童的五倍以上。[13]在老年人口中，八十五歲及以上的人均醫療保健支出是六十五至七十四歲的三倍。[14]更普遍地看，美國醫療支出中有很高比例屬於臨終照護。例如，約四分之一的醫療支出是發生在生命的最後一年。[15]

這些事實令大家對於全球人口老化以及對應的醫療需求與支出的增加感到擔憂，也提高了投資預防醫學的必要性，以減少未來的疾病負擔與開支。

討論生命的價值時，我們需要了解生命價值是看生命的質與量而定。直覺上，多數人更重視健康的生活，而不是不健康的生活。我們買健康保險、療程、維他命與藥品以改善健康，希望藉此延長壽命（包括健康與不健康的歲月）。當然，人體健康不是只有健康與不健康這兩種狀態，我們可以把健康想成一個範圍，從完全健康到死亡。在這兩個極端之間還有受傷、生病等狀態。衛生經濟學家即開發出品質調整生命年（QALY）來代表這些狀態。[16]一個QALY，代表一年完全健康的生活。死人的QALY是零。那些骨折、罹患呼吸系統疾病、愛滋病、有其他健康問題的人則是介於死亡（0）與完全健康（1）之間，他們的數值是按調查的回覆結果來計算。[17]品質調整的公式常遭到批評，因為它無法普遍代表每個人對健康特定面向的評價。

比較生命年時，分析很直截了當，因為一個人要不是死了，就是活著。然而，一旦引入QALY的概念後，就需要精確判斷如何在死亡和完全健康這兩個極端之間調整尺度。這種量表稱為「效用衡量」（utility measures），反映患者對某種健康狀態的偏好。用來衡量QALY的工具很多，最常用的是「歐洲五維健康量表」（EQ-5D）。[18]這個生命品質衡量有五個維度：行動能力、疼痛／不適、自我照顧（自己梳洗與穿衣）、焦慮／沮喪、日常生活的能力（例如工作、學習、家務、休閒）。[19]每個維度分三級，例如行動能力的三級是沒有行走問題、有點行走問題、臥床無法行走。其他估算QALY的工具則是使用不同的維度與方法來測量[20]，每種QALY工具都可能產生不同的結果。因此，即使大家對於使用QALY做為健康經濟分析的衡量標準已有共識，該用哪種衡量工具仍需要協議。一般來說，使用QALY，就像使用DALY，對老人比較不利，因為他們的餘命較短。

使用QALY的另一個問題是，QALY忽略了一個事實：人的偏好因年齡、性別、生活型態、優先要務、快樂來源而不同。[21]一個忙著訓練鐵人三項的二十歲女性，與一個住在養老院、體弱多病的九十歲老人相比，有不同的優先要務與偏好。此外，QALY關注的是個體，並未考慮對照顧者（如家人與社群成員）的影響。

成本效益分析是為醫療措施的成本與效益賦予金額，以判斷是否值得投入這筆開支。[22]醫療照護的成本及正面影響（例如預防疾病、治療疾病、改善健康、延長壽命）都貨幣化了。成本效益分析的優點是，它使用單一衡量指標：金錢。相較之下，成本效果分析（cost-effectiveness analysis）的衡量單位則是每個結果的成本。成本效益分析的缺點則是，它要求研究人員把健康加以貨幣化，這需要為生命的質與量貼上價碼。

誠如本書前面的許多例子所示，給生命貼上價碼的一種方法，是把價碼和收入連在一起。在國家層級進行成本效益分析時（例如醫療照護監管機構），每增加一個健康生命年的效益，通常是以該國人均GDP的某個百分比來估算。把壽命延長與人均GDP

連在一起的邏輯是，理論上，活得越久的人能繼續增加國民經濟產出。

開發中國家的人均GDP低於富國，因此以人均GDP的百分比算出來的效益比富國小。如果改善富國健康的成本與改善開發中國家健康的成本相似，那麼成本效益分析會建議投資富國的健康。更廣泛地說，每當結果與某種收入或財富指標（例如人均GDP）相連時，都會令人產生不平等的擔憂，因為不同國家與國內賦予生命的價碼可能大不相同。

第二種方法是估計人們為了獲得更好的健康，願意支付多少。這是使用第二章介紹的「假設市場評價法」來做調查。[23]底下舉例說明這個方法怎麼做：告知受訪者罹患某種疾病的風險（比如甲狀腺癌），以及需要的治療、存活率、其他關鍵的醫療資訊。接著，調查員描述兩個社群，這兩個社群的所有關鍵特徵都一樣，但有兩個例外：其中一個社群罹患甲狀腺癌的風險較低，但生活費用較高。之後，調查員問受訪者比較喜歡住在哪個社區。然後，調查員改變兩個社區的生活費差異及風險差異，直到受訪者對兩個社區的偏好一樣——這時費用與風險的差異就可以估算那個人為了避免罹患甲狀腺癌，願意支付多少錢。

調查估計的相關問題（第二章提過），都會出現在這種支付意願的估計中，尤其選擇偏誤是關鍵問題。受訪者並非人口的隨機抽樣，而是調查所在地一群願意接受訪問的人。此外，只有那些了解選項、願意回答假設性問題、對所有問題的回答一致、與其他受訪者夠相似、研究人員認為「合理」的受訪者，他的回答才會被算進估計值。那些覺得調查的抽象性質模擬兩可，不知道問題該怎麼回答，或回應不符合研究人員期望的受訪者，則不會被納入分析。

第三種為健康賦予價碼的方法是計算生病的成本。生病的成本只加總疾病相關的財務成本：治療成本及經濟生產力的損失（例如無法工作）。這種方法過於簡化健康的成本，定義狹隘既是其優點，也是其缺點。優點是可以輕易計算出生病的成本，缺點是沒有考慮到情感面的傷害、痛苦、折磨、不適等等，也忽略了生活品質，以及生活中除了賺錢及花錢以外的其他面向。例如，生病成本分析沒有精確地計算持續疼痛的成本，例如為了保住飯碗，白天必須忍著極度不適繼續工作，每天晚上及週末必須在家裡休息，不能做其他事情。我們可以把生病成本想成類似民事審判中只考慮經濟損失而忽略其他的影響。

國家健保的監管機構如何考慮成本效果（cost effectiveness）呢？研究人員比較兩種療法時，是測量接受不同治療的患者的「平均 QALY」的差異。有時患者必須在底下兩種情況中選一個：平均存活時間較短、但生命的健康品質較好；平均存活時間較長、但生命的健康品質較差。想像一個簡單的例子，並忽略成本膨脹與折現等因素。在這個例子中，接受A療法的患者平均多活五年，每年的治療費是一萬美元（見表二），所以每人平均總費用是五萬美元。在這種情況下，患者的平均健康狀態比沒接受治療時高0.5 QALY。在這個例子中，接受A療法的患者平均將獲得2.5 QALY，每個QALY的成本是五萬美元除以2.5 QALY，亦即兩萬美元。

現在，想像另一群類似的患者接受B療法。B療法更有效，但副作用更大。接受B療法的患者平均多活十年，平均健康狀態比未接受治療的患者高0.3 QALY，這表示B療法的患者平均將獲得3 QALY。B療法每年的花費一萬五千美元，所以每人平均總費用是十五萬美元，每QALY的成本是五萬美元（十五萬美元除以3 QALY）。

衡量指標的選擇對決策很重要。如果你是看哪種療法的

表二　比較療法的樣本標準

	療法 A	療法 B
每年治療費	1 萬美元	1.5 萬美元
平均多活幾年	5	10
存活期間每年平均增加的 QALY	0.5	0.3
總預期治療費	5 萬	15 萬
每個 QALY 成本	2 萬	5 萬

總體存活率最高，那應該選B療法；如果你是看哪種療法的每個生命年成本最低，那應該選擇A療法；如果你是看哪種療法的每個QALY成本最低，那應該選A療法。由於指標的選擇對最終決策非常重要，指標的挑選應該講求透明，且經過仔細考量，以確保它精確反映社會對公平性的看法。

增加每個QALY所需的成本又稱為遞增成本效果比（incremental cost effectiveness ratio），簡稱ICER。在本例中，B療法與A療法的費用差額平均是十萬美元（B療法的十五萬美元減A療法的五萬美元），B療法比A療法多0.5個QALY，這表示ICER（每增一個QALY的成本）是二十萬美元（十萬美元除以0.5）。國家健保方案通常有涵蓋門檻，那就是以每增一個QALY的成本算出來的。那個門檻通常和國家的財富連動，是用人均GDP之類的衡量標準來計算。

顯然，決策選用的衡量標準深受資源配置的影響，進而導致哪些人命獲得較多的醫療保健給付、哪些人命獲得較少給付——最終決定了哪些人命獲得較多的重視與保護。把這些影響醫療資源配置的概念納入美國醫療體系的討論中非常重要。

美國的醫療體系

美國的醫療保健市場與其他富國截然不同。美國人支付醫療費用的方式比較複雜，也比較昂貴。美國的醫療保健分配不太公平，醫療保健市場也比其他富國的成本效益還低。對以營利為目標的醫療保險公司、醫療照護提供者、藥廠來說，成本效益是首要考量，但美國政府對公衛系統所做的成本效益分析卻落後許多國家。

二〇一七年，美國在醫療保健上的支出為三・五兆美元，占GDP的比例近18%。[24] OECD國家中（由全球三十六個最富有的國家組成的的國際組織），沒有其他國家接近這個數字。瑞士的比例是第二高，其醫療保健開支占GDP的比例是12.3%，其他OECD國家的比例都不到12%。[25]健康幾乎在世界各地都是一大產業，但美國尤然。《財星》五百大企業中有很多醫療保險公司（諸如聯合健康保險〔United HealthCare〕、卡地納健康集團〔Cardinal Health〕、安森保險〔Anthem〕、安泰〔Aetna〕）、連鎖藥妝店（諸如來德愛〔RiteAid〕、沃爾格林〔Walgreens〕）、藥廠（諸如嬌生〔Johnson & Johnson〕、瑞輝〔Pfizer〕、莫克〔Merck〕）。[26]這些醫療保健公司雇用了數百萬美國人，對國家經濟有重大的影響。

除了高昂的醫療費用以外，美國與其他國家的另一個關鍵區別是，全民健保是多數富國、甚至一些中等收入國家的常態。二〇一七年，美國非老年成人的未參保率是10.2%，兒童是5%，[27]是OECD國家中最高的。[28]美國有這麼多人沒有保險，這反映了美國社會的價值觀：美國社會覺得基本的醫療照護並非人權。[29]這與其他富國形成了鮮明的對比，在其他富國，全民健保是常態，基本的醫療照護是一種基本人權。

平均而言，美國在健康上的人均開支比其他國家多了數千美元，這帶出了幾個問題：為什麼美國人比他國人民花那麼多錢？難道是因為美國人比其他國家更重視健康，因此為健康賦予較高的價碼嗎？美國人支付更多的健康開支，究竟是因為這些健康投資帶來更好的結果，還是因為美國的醫療體系效率低下？在深入研究資料細節之前，切記，在人口、面積、財富、平均年齡、種族分布，以及其他可能與預期壽命和醫療成本相關的因素方面，OECD國家彼此有很大的差異。

國家健康資料清楚地顯示，美國人花在健康上的三．五兆美元，並沒有得到很好的回報。美國是富國中預期壽命最低的國家之一。在三十六個OECD國家中，美國女性的平均預期壽命、男性的平均預期壽命、全民的預期壽命都比其他國家還低。[30]衡量嬰兒死亡率時（出生第一年的死亡機率），美國與其他富國之間的差距更明顯。[31]只有三個

ＯＥＣＤ國家的嬰兒死亡率比美國高。美國也是產婦死亡率（每千名活產的產婦死亡率）最高的國家之一。[32]

在美國國內，預期壽命的差異程度很大，反映出基因、性別、種族、民族、社經群體、地理位置的差異。[33]最顯著的例子之一是亞裔美國婦女與黑人男性的預期壽命差了十五年。[34]黑人的嬰兒死亡率是拉美裔與白人的兩倍多，黑人產婦的死亡率是白人產婦的三倍多。[35]美國各收入階層在醫療保健方面的差距也很大。美國也許擁有世界上最好的醫療研究設施、最頂尖的醫療技術、最著名的醫院，但美國的公衛指標分數遠低於多數富國。

以九一一那四位罹難者為例。吉姆與瑞克是透過公司取得健保。吉姆的家人也涵蓋在他的全面健保方案中，由雇主全額補貼。瑞克的未婚妻在他們結婚後，也可涵蓋在瑞克的消防員保險中。薩貝斯汀是涵蓋在他父親的災難保險中，他的父母選擇投保災難險而不是健保，是為了費用考量，但這也迫使他們必須暗暗祈禱他們永遠不需要就醫或掛急診。艾妮塔沒有保險，因為她的兼職服務工作不提供保險，她也付不起保費。她還年輕又健康，她知道萬一發生緊急醫療事故，她得自掏腰包給付醫療費。與此同時，為了省錢，她也略過每年一次的體檢。

這四個人與美國的醫療保健系統有不同的互動。這也提醒我們，在美國，有些人透過雇主獲得健保，有些人享有政府提供的保險，有些人自己買商業保險，有些人沒有保險。相較於其他富國，美國因醫療保健情況多元，所以效率比較低下，行政成本較高，保險覆蓋落差較大。如此衍生的健康結果（例如預期壽命、嬰兒死亡率、產婦死亡率）也比其他富國差。儘管美國人比其他富國人民支付更多的醫療支出，卻依然得到較差的健康結果。綜上所述，美國人在健康上的投資報酬顯然比其他富國的人民還差。

對美國人的醫療保健開支高於其他國家的原因進行分析，結果指向幾個來源。其中最大的來源是門診護理。[36]美國在健康上超支的另一個原因是防禦性醫療。也就是說，醫生要求做醫療測試、療程或會診以避免醫療訴訟，但那些測試、療程或會診的臨床價值卻很可疑。[37]醫療行政成本和品牌藥品的成本較高，也是導致美國醫療保健昂貴的原因。

二〇一〇年通過的《平價醫療法》（Affordable Care Act）對美國的醫療保險局勢帶來了一些改革。[38]該法為了解決大家對醫療不公平分配的擔憂，要求保險公司為所有健保的投保者提供新的最低標準，並規定保險公司不得拒絕讓那些已經生病的人投保或提高他們的保費。這項法規與以前的壽險法規截然不同，以前各州對於保險公司在設定保費時是否可以考慮種族或性別差異，各有不同的規範。在《平價醫療法》實施之前，如果想投保的人罹患醫療昂貴的疾病，保險公司可以拒絕他的投保，或是要求很高的保費。

《平價醫療法》也規定父母的健保可涵蓋撫養的子女，直到子女滿二十六歲。如此一來，應該可以減少災難性醫療開支以及因就醫而破產的情況，也可以改善健康結果。

《平價醫療法》中有一項條款明文禁止，在比較效果的研究中使用成本效果分析。這限制了政府在某個預算下拯救最多生命或QALY的能力，使政府無法追求醫療支出的最適化。這個限制也使成本控制變得更加困難，因為監管機構無法判斷更有效的療法是否價格上比較不划算。[39]該法案也包含其他的限制，諸如不准聯邦醫療保險（Medicare）根據病人的殘疾、年齡或預期壽命等資訊來決定資源分配的優先順序。[40]

以癌症治療為例。預防、篩檢、治療、恢復的費用因癌症類型而異，死亡風險也各不相同。一項針對「每個QALY成本」所做的分析顯示，肺癌的治療費不到兩萬美元，直腸癌約十萬美元，乳癌約四十萬美元，前列腺癌近兩百萬美元。[41]使用「每個QALY成本」這個指標來做最佳資源配置時，會偏重肺癌與直腸癌的治療，因為它們的成本效用較高。衡量指標的挑選很重要。選擇不同的衡量指標，例如拯救每條生命的成本或每個生命年的成本，可能得出不同的結論。

在決定是否該為患者支付治療費時，並未考慮到患者的個人責任。例如，一個連續幾十年每天抽兩包菸的七十歲老人，遠比不抽菸的人更容易罹患肺癌。無論患者的個人選擇是否可能影響他目前的病情，以拯救每條生命的成本、每個生命年的成本或每個QALY的成本來看，治療癌症的決定的門檻都相同。此外，個人選擇的生活模式可能對患者的長期預後有很大的影響。生活型態不健康的患者，可能在接受治療後依然延續不健康的生活模式。

雖然成本效果分析在美國應用的局限性是一個挑戰，但聯邦醫療保險確實在責任制醫療機構（Accountable Care Organizations，ACO）中置入一項降低成本的動機。這些醫生、醫院、醫療照護提供者試圖以較低的成本，提供優質照護及良好的醫療結果。如果ACO可以證明他們已經提供優質服務，他們就能賺回一些省下的成本。

有些其他國家賦予監管機構更多的權限，讓他們根據成本效果分析來做醫療照護決定，並授權政府去與業者協商更好的價格。澳洲的「健保藥品補助系統」（Pharmaceutical Benefits Scheme，PBS）就是這種協商的例子。政府以協商的價格為全國採買藥品，讓澳洲人可以平價取得那些藥物。

英國的國家健康與照顧卓越研究院（National Institute for Health and Care Excellence，NICE）在其指南建議中考慮健康經濟性。NICE的指南制定小組（Guideline Development Group）需要同時考慮臨床影響與成本效果。如果科學證據顯示，一種治療或健康服務可以在成本效果門檻之下提供顯著的健康效益，NICE就會建議採用那種療法或服務。它會把成本與健康效益折現，並進行敏感性分析，以審查經濟分析結果的不確定性。[42]

泰國的醫療與技術評估方案（Health Intervention and Technology Assessment Program，HITAP）也有類似的功能。HITAP不僅評估健康技術，也支持泰國的議價流程。HITAP對醫療技術（例如藥物與療程）的結構化分析會影響政策決定。HITAP流程中的關鍵因素包括安全性、有效性、效果（健康效益）、性價比（划算度）、社會考量（例如預防災難性疾病或救命的潛力）、道德考量（如對社會弱勢的影響或罕見疾病的治療）、體制與政治考量。[43]

HITAP、NICE之類的監管機構設計評價架構，以反映該國關注的重點。有些社會比較注重醫療保健的公平性或成本效果，所以在醫療保健規畫中強調這點。有些國家可能比較重視道德考量，還有一些國家比較重視個人責任，比較少考慮公共衛生部門的角色。

無論是英國、泰國還是其他國家，他們做的衛生技術評估中，成本效用都是一大考量。各國在批准一種藥物或療程時，通常會設一個成本效用上限。那個上限往往和一國的所得或財富指標有關聯，例如人均GDP。這個值反映該國的支付能力。一個每年人均所得僅一千美元的開發中國家，很難支付每人每年超過十萬美元的昂貴治療費，除了罕見疾病以外。如果國家堅持為那些昂貴的罕見疾病買單，那要如何解釋為何它不為每人每年只要五萬美元治療費的其他疾病買單呢？在任何支付意願的討論中，都不能忽視支付能力的問題。

儘管一些門檻設定需要指導原則，還是可以基於一些非財務因素（例如社會、道德考慮）網開一面，通融一些例外。所以，在英國與泰國，有些類型的醫療照護即使超過了上限，依然獲得批准。富人與窮人都想要健康，但窮人及窮國往往負擔不起許多重要的治療。

許多國家致力提供全民健保，讓每個人民都有權獲得基本的醫療保健服務。[44] 提供全民健保的國家包括日本、新加坡、澳洲、瑞士、英國。[45] 每個國家提供的基本醫療照護內容都不太一樣，但通常包括預防保健與治療。同樣地，《平價醫療法》要求醫療方案提供基本的醫療福利組合，涵括了特定類別的醫療服務。[46]

健康保險

政府提供的健保方案（例如聯邦醫療保險）因預算有限，所以財力有限；也因服務提供者的數量有限，所以量能有限。而且，由於他們是拿稅金來提供公共服務，他們必須考慮如何公平地分配資源。

營利的健保公司就像其他的營利事業，面臨的限制與動機較少。他們的目的是盡可能提高營收，降低成本，同時符合監管要求。公平考量（例如《平價醫療法》規定健保公司不得拒絕讓那些已經生病的人投保或提高他們的保費）及品質標準為營利公司帶來限制，那會影響他們追求最大獲利的目標。

營利的健保公司藉由增加保戶數量及保費來增加營收。他們減少成本的方法是：盡量減少他們保險給付的金額，但《平價醫療法》對品質的要求可以避免他們把保險給付壓到最低。這些健保公司為了盡量壓低健保支出，可能採用以效率為尊的策略，以及一些不太可取的方法，例如設置行政障礙，使保戶更難使用醫療服務；拒絕把昂貴的療程納入保險；在《平價醫療法》實施以前，他們會拒絕讓那些已經生病的人投保。

非營利的健保事業所處的情境與政府的醫療監管機構相似。他們的預算有限，需要確保財務正常運作，同時盡量拯救最多的生命或生命年。這是一種成本效用情境，他們必須考量財務限制及其他因素（例如公平性）。

健保公司會做資料分析並建立成本模擬模型（cost simulation model），以盡可能提高獲利。預算影響模型（budgetary impact model）會檢查不同治療方案的預期病患成本，那成本反映了門診與住院治療、器材與處方藥的成本。這些分析結果可以幫公司排列不同療法的優先順位。

保險公司的醫療給付機制也正在改變。以往，這些公司是採用按服務收費的模式，亦即醫療照護提供者以他們提供的服務獲得給付，或是採用按人頭給付的模式，亦即醫療提供者從每個病患獲得一筆固定的給付。這兩種模式都有動機問題。前者容易導致醫院盡量增加醫療服務，不管那醫療有無必要。後者容易導致醫院盡量接收病人，但只提供最少的服務。品質標準的存在，就是為了避免這些動機可能造成的負面後果。保險公司為了控制成本，正試圖與醫院和藥廠簽訂風險分擔協定。但不管支付方案怎麼設計以及法律規定提供哪些醫療照護，患者、醫院、保險公司的動機都不可能完全一致。

保險通常是一種管理風險的方式。以醫療保險來說，有醫療保險的話，你一定會為醫療支付部分的費用，但也會降低你必須支付的最高金額。你可以把是否買醫療保險視為一種賭注。身體健康的年輕人可能覺得，不買保險、把錢省下來是不錯的選擇。只要不出意外，沒有染上重病，或沒有重大的醫療需要，他們就賺到了。然而，這種賭注通常對自己不利。在美國，約一半的破產與醫療有關，沒有保險的人比有保險的人更容易陷入醫療破產。[47]

《平價醫療法》把美國無保險的非老年（六十五歲以下）人數從二〇一三年的四千多萬人，降至二〇一七年的二七四〇萬人。[48]不過，美國沒有保險的人數依然相當龐大，只比加拿大的總人口少25%。政治氛圍的改變、經濟狀況、新政策影響金融與健康的證據，將會持續影響《平價醫療法》的未來實施。

美國無保險的民眾中，逾80%是來自家裡有人工作的家庭；逾50%是來自收入不到貧困線兩倍的家庭。這些家庭的收入有限，對於金錢的使用需要非常謹慎。有些沒保險的人有資格獲得健保補貼，有些則需要支付全額保費。無論如何，他們都必須在健保費用及其他優先開支（房租、食物、水電和其他必需品）之間權衡。不買醫療保險可以讓這些家庭把有限的金錢花在其他的必需品上，卻使他們更容易因為災難性的醫療費用而陷入更嚴重的貧困狀態。

自付額：為了自己與家人

在電影《瘋狂假期》（*National Lampoon's Vacation*）中，吉維・蔡斯（Chevy Chase）問修車要多少錢，修車師傅回他：「你有多少錢？」那些為醫療費用付過自付額（out-of-pocket expense）的人都了解這種情況。

不受約束的資本主義導致少部分人口累積大量財富，但大部分人口的財富少得可憐。在健康方面，一個純粹的自由市場，沒有強制執行某些公平措施的監管限制，將導致社會中的富人獲得頂級醫療，但那些負擔不起醫療的人只能等死。在這個世界上，健康的價碼受到支付能力的限制，那些財力雄厚的人可獲得的醫療沒有上限，那些身無分文的人可獲得的醫療則很少或根本沒有。美國的聯邦醫療補助（Medicaid）確保最貧困的人口獲得一些支援，但我們從器官移植制度可以窺探金錢如何購買健康，甚至生命。

在美國，醫療服務的自付額通常不透明，只有一些醫療顧客知道這些價格是可以協商的，而且價格差異很大。例如，二〇一一年，布朗克斯（Bronx）的醫院為下肢ＭＲＩ收取的費用，比巴爾的摩的醫院貴十二倍。更誇張的是，光是在邁阿密地區之內，收費就可能有九倍的差距。[49] 即使是同一位醫生提供相同的醫療服務，費用可能也有很大的差異，這要看病人有沒有保險而定，而且如果病人有投保，也會因承保公司不同而異。在美國，缺乏價格透明度非常普遍，以至於醫療價格明確列出時，大家往往大吃一驚。

但是，當你需要醫療服務時，砍價或討價還價都不是你最關心的事。在突發的健康狀況中，大家首先想要的是盡快治療。在一些國家，醫療價格是固定的。還有一些國家（例如英國），醫療服務是由國家醫療保健系統提供，服務地點通常不收費。但在美國，醫療是一個蓬勃的產業，對許多營利事業來說，患者自付額往往是它們的主要收入來源。

在考慮健康的價值時，有兩個關鍵問題：為了改善你自己的健康或生病家人的健康，你願意支付多少錢？為了讓你自己、父母或孩子多活十年或二十年，你願意支付多少錢？這些問題觸及了醫療營利模式的根本問題。鼓吹自由市場的人通常認為，醫療受到的監管與政府控制越少，效益越大。這種思維犯了一個錯誤，它忽視了健康的一個重要特徵：需求缺乏彈性。救命的醫療服務，與小玩意兒、起司漢堡、智慧型手機不同，其需求不會因為價格上漲而減少。如果有一種救命藥可以治癒你的病、你父母的癌症，或你孩子罹患的罕見疾病，你會不惜一切代價得到那種藥。把救命的藥物或治療費用增加一倍或兩倍，並不會導致需求下降。以自由市場的觀念來看待醫療，往往與「基本醫療保健是一項人權」的觀念互相牴觸。

預防醫學（例如疫苗接種與疾病篩檢）是衛生保健的一個面向，這方面確實常有彈性需求的現象。也就是說，這些服務費用的增加，會使人減少使用服務。有些人為了省下短期的現金支出，只好犧牲可預防長期、昂貴疾病的保健。這樣的取捨相當可惜，不僅是因為這樣做會失去健康生命年，從經濟的角度來看，預防往往比日後的治療照護更划算。

金錢無法保證身體健康，但可以買到更好的醫療服務。以器官移植為例，其需求遠大於健康且相容內臟的供給（包括腎臟、肝臟、心臟、其他重要的可移植器官）。發展一種公平分配的機制來分配這些延長生命的器官很重要，但營利動機很容易滲入這些挽救生命的流程。器官移植旅遊是一大產業，腎臟、肝臟、心臟、肺臟的移植都可以在網路上看到廣告，價格往往超過十萬美元。印度、巴基斯坦、中國等國是器官的淨輸出國，澳洲、加拿大、日本、美國等富國的公民是器官淨移植的接受者。[50]

在器官市場上，健康和延長壽命顯然是可以標價販售的。負擔得起器官移植旅遊的人，可能會獲得新器官，那些財力不夠的人，只好接受提早死亡。

如何公平地安排器官移植的優先順序？一個人的生命比另一人的生命更有價值嗎？年輕人應該比老人優先接受器官移植嗎？預期的未來健康生命年數，如何影響個人的優先順位或重要性？一家公司的總裁應該優先於一個前運動明星、一個高中工友，或一個農場移工嗎？當一個罹患晚期癡呆症的九十歲諾貝爾獎得主和一位發育遲緩的十五歲學生都需要同一器官時，社會如何考量誰優先獲得器官？一個每天抽兩包菸、早餐喝威士忌、從不運動的六十歲老人，是否應該和一個從不抽菸、吃素的六十歲馬拉松跑者一樣獲得優先考慮呢？

對於已經處於植物人狀態十五年的夏沃，社會該如何對待她呢？那些幫她維生多年的金錢是不是更值得用來拯救其他人命？如果是，那應該用來拯救誰的生命呢？這些問題的答案遠遠超出了成本效益分析，也引發了許多其他的考量，包括人權、公平與正義。

醫療保險為健康貼上價碼，也因此對病人的生活品質貼上價碼。下一章的重點將是生育決策。生育決策更為根本，因為那涉及是否創造新生命以及要創造多少生命。要不要養兒育女以及如何為孩子分配資源等決定，都同時涉及金錢考量與非金錢考量。

第八章　我們養得起孩子嗎？

珍妮是二十三歲的研究生，與男友同居，平時服用避孕藥，卻還是懷孕了。她需要考慮幾個未來的選項：第一，她可以選擇生下孩子，把孩子送人領養。她將承擔懷孕的風險，但孩子出生後，就不負擔家長的責任。第二，她可以生下孩子，自己撫養。這表示她必須為孩子負責，承擔家長需要付出的時間、努力與成本，同時也獲得為人父母的好處。這可能影響她完成研究所學業的計畫，並影響餘生的許多決定。撫養孩子對珍妮會產生很大的經濟影響，而且長達數十年，從產前護理開始，可能會延伸一輩子。第三個選擇是墮胎。珍妮為這些選擇糾結不已，不知該怎麼決定。

生育決定對個人、家庭、社群、社會都有深遠的影響。本章不討論生育相關的所有決定，而是把焦點放在墮胎這個主題上，包括墮胎權、性別選擇性墮胎、殘疾選擇性墮胎，因為公平與價碼的概念在這方面扮演清楚又明顯的角色。

墮胎權與「孕婦生命 vs. 胎兒生命」的相對價值有關。性別選擇性墮胎與殘疾選擇性墮胎的決定，則可以讓我們窺見一些即將成為父母的人如何評價不同的潛在生命。這些例子也反映了本書一再出現的主題：不受重視的生命，獲得的保護較少。

子女的成本與效益

只有非常重視細節的夫婦（可能是一對資料科學家、經濟學家或統計學家），才會使用試算表來計算生育孩子的預期經濟成本及預期的經濟效益。很少祖父母在家庭聚會上，會拿出大家庭所衍生的正值損益表來慶祝一番。但夫婦確實會討論養兒育女的議題及相關成本。前面提過的消防員瑞克與他的未婚妻很明確表示，他們想至少生兩個孩子，他們相信瑞克的消防員薪酬足以支應那些開銷。薩貝斯汀的父母原本沒打算生孩子，他們得知艾米莉亞懷孕時都很興奮。他們知道父母以前撫養他們時，收入遠不及他們現在的收入。他們也覺得萬一將來經濟拮据，大家庭會伸出援手幫忙。吉姆的兩個女兒出生後，吉姆和妻子不確定他們是否想要第三個孩子，所以他們決定在他妻子接近四十歲生日時，冷凍一些卵子。

許多夫妻不會針對撫養孩子做正式的財務分析，但審慎做出養兒育女決定的夫妻確實會思考預期的費用。把是否生養孩子的決定只視為一種財務計算（類似公司做的成本效益分析）是狹隘的，也脫離了為人父母的現實。是否養兒育女還有許多其他的考量，包括付出愛的渴望、回報他人生命的喜悅、為祖父母帶來歡樂等等。對性愛的渴望以及因此創造的生命，是防止人類滅絕的動力。但為了有助於我們的分析，這裡會先撇開這些生育孩子的情感與進化動機，只考慮養育孩子的經濟面向。

曾有些研究人員把費用加總起來，以估算生育孩子的總成本，但這個數字差異很大，主要是看孩子的養育方式而定。父母在養兒育女上所做的選擇，以及經濟上提供孩子什麼支持，都對養育費用有很大的影響。未來，孩子在照顧父母上所扮演的角色也會影響經濟效益。父母可能預期孩子將來提供照護，但這種養兒防老的效益不見得會實現。

據估計，一個中等收入的美國家庭把一個孩子養到十八歲，大約要花費二十五萬美元。不過，這個數字可能有很大的範圍。[1]這個估計值不包括孩子十八歲後父母可能承擔的費用，例如大學學費、婚禮費用、協助買車或買房、其他的財務支援。

養育孩子的主要成本包括食物、衣服、醫療保健、教育、增加的住房成本與娛樂。醫療保健費用包括孕期護理、分娩，以及日後的兒童醫療保健。教育選擇包括決定孩子上什麼學校（公立、還是私立），孩子是否需要家教輔導，是否需要額外的教育，父母會支付大學學費嗎？讀公立大學、還是私立大學？要讀研究所、醫學院或法學院嗎？父母是否出錢幫孩子買第一間房子？父母是否花錢幫孩子辦婚禮，還是送一份慷慨的結婚禮物？父母會給孫子孫女錢嗎？財力較差的夫妻因上述選擇有限，通常養育孩子的成本較低。

父母可能享有政府補貼與員工福利，可以幫忙支付養育孩子的部分費用。有些父母以後可以從孩子獲得經濟效益。有些孩子在父母年老時會提供父母經濟支持。有些人長期照顧父母，或為父母開車、打掃、做飯，或做其他任務（如此一來，父母就不必花錢請人來做）。除了金錢交流，孩子也可以為父母提供情感支持、關愛與陪伴。親子之間的關愛是無法確切貨幣化的。同樣地，民事審判在評價不當致死的價值時，也不包括情感效益，只看經濟影響。

若套用第四章的淨現值定義，在許多家庭中，養兒育女是一個淨現值為負的決定。如今有數十億人繼續生孩子，這個事實顯示，只把養育孩子視為財務投資顯然是謬誤的。演化的進行不是根據折現金流的分析。然而，在以前的年代，生育孩子對父母來說可能是比今天投資報酬率更高的事。

我們可以想像以下的情況，把長時間撫養孩子的經濟成本及孩子貢獻的效益加總起來，就可以追蹤養育孩子的開支及孩子為家庭帶來的收入。在孩子成年之前，費用天天發生，孩子帶來的經濟貢獻通常很少，因為在美國未成年人的就業機會有限。[2]

在美國，二十世紀初以來，童工人數大幅縮減。不過，如今在世上許多地方，童工依然普遍。[3]約一百年前，許多美國孩子在礦山或工廠工作，賣報紙，傳遞訊息或擦鞋，而不是去上學。那個時候，一個美國孩子可以合法視為家中的潛在收入來源，因為孩子有收入可以貢獻家庭。雖然那些孩子的收入低於成人，但從父母的角度來看，孩子的金流可能是正的。

這種動態在二十世紀的美國改變了。由於免費義務教育的強制施行，貧困水準下降，再加上聯邦法律禁用童工，童工率顯著下降。這個轉變反映了美國社會更廣泛的變化，在世界上許多地方也反映了觀點的轉變：孩子不再是父母的財產，而是有特殊權利、受到保護的社會成員。[4]

從價碼的觀點來看，在美國，孩子是父母的一大經濟投資，通常投資金額高達數十萬美元。這些成本發生得很早，其潛在經濟利益（如果有的話）則是在多年後才發生。更重要的是，養兒育女的經濟等式，可能因生育孩子的預期成本及預期的未來經濟效益而有很大的差異。本章稍後討論墮胎時，我們會再回頭談這個概念。

嬰兒市場

養育孩子會產生很大的財務影響，但每年仍有成千上萬人為了治療不孕症，支付巨額的費用。[5] 難以受孕的人可以選擇體外受精，這個療程動輒數萬美元。[6] 對那些無法足月懷孕或選擇找代理孕母的女性來說，代孕（surrogates 或 gestational carriers）是一門蓬勃的產業。這是指提取生母的卵子，使其受精，然後把胚胎植入代理孕母的體內孕育到分娩，費用約為九萬至十三萬美元。[7] 依賴代理孕母的生母可能也需要接受不孕治療，那會使生育成本更高。代孕產業已經發展成國際事業，一些夫婦選擇雇用成本較低的印度代理孕母，而不是雇用美國的代理孕母。[8]

對想要為人父母的人來說，領養是另一種選擇。領養通常需要花數萬美元的法律與行政費用，那費用超過了一般撫養孩子的成本。收養沒血緣關係的孩子，意味著父母養育非親生的人（也承擔費用）。達爾文學說可能很難解釋領養背後的動機，但不可否認地，對許多父母來說，那是一種滿足情感的選擇。領養與更廣義的同理心概念及生命的相對價值有關，本書稍後將會探討這些主題。

對那些想要養育孩子的人來說，寄養是另一種選擇。寄養不同於領養，寄養是暫時的，領養是永久的。寄養父母沒有父母的合法權，他們會收到津貼以支應養育孩子的費用。領養父母則是自己承擔這些費用。二〇一七年，美國有近五十萬名孩童在寄養家庭中生活。[9]

無論是透過不孕治療、代理孕母、寄養還是領養，許多成人都願意為成為父母的機會承擔大筆的費用，也承擔身為父母的所有責任、成本與效益。

墮胎

懷孕是很明確的事實，只有計畫懷孕或意外懷孕兩種區別。意外懷孕很常見，已婚與單身女性都會發生，通常是因為沒有使用避孕措施，或避孕方式不正確，或使用了無效的避孕方式。有些避孕方法的失敗率低（例如植入式避孕棒、宮內節育器、節育手術），有些方法的失敗率較高，失敗率超過18％（例如避孕海綿、保險套、殺精劑、體外射精）。[10]

在美國，很少議題比墮胎更具爭議性。墮胎這個議題可能導致家人翻臉，朋友反目成仇。兩邊的激進支持者常以這個議題做為檢測政客與法官的試金石。墮胎的討論常引發一些充滿挑戰性的問題，包括：生命從何時開始起算？胚胎算是人嗎？胚胎有權利嗎？如何在個人自主與社會規範之間拿捏平衡？可以迫使女人違背自己的意願去養育生命嗎？其中有許多問題涉及宗教、哲學、法律、倫理等領域。

本章不打算回答這些問題。我們將以人工流產這個議題來檢視兩個關鍵的問題：胎兒的價值是多少？當我們對一個胎兒的評價高於另一個胎兒，尤其是考慮胎兒性別或基因組成時，那會產生什麼後果？

人工流產是指刻意終止妊娠，可能是透過手術或藥物。相較之下，約有15%至20%的懷孕是自然流產。[11]無論是計畫懷孕，還是意外懷孕，女性想做人工流產的可能原因有很多，包括：懷孕可能危及她的生命或健康，胎兒的一些屬性使她不願懷孕產下胎兒，或她本來就不打算懷孕。

世界各地的墮胎權各不相同。有的國家完全禁止墮胎，任何情況下的墮胎都算非法（包括強姦、亂倫、孕婦可能死亡），有的國家規定非常寬鬆，允許孕婦在懷孕的早期墮胎，不受限制。在這兩種極端的墮胎權之間，還有各種墮胎合法性的分級。有些國家允許為了拯救孕婦的生命或保護孕婦的健康，或基於社會經濟理由而墮胎。全球逾60%的人口生活在允許懷孕早期進行人工流產的國家，這些國家沒有規定墮胎的理由，或允許孕婦基於多種理由墮胎。[12]

權利和價值是相輔相成的。人工流產是在孕婦與胎兒之間拿捏權利的平衡。人工流產也反映了社會針對孕婦生命及胎兒生命賦予的相對價值。社會保護一個人的生命時，就表示社會重視那個生命。相反地，社會不保護一個人的生命權時，就表示社會不太重視那個生命。當社會允許孕婦為了保命而墮胎時，就表示社會比較重視孕婦的生命與權利。更廣義地說，母親墮胎權的提高，對應的是胎兒的相對權利降低。

在美國，墮胎權隨著時間推移而改變。直到今天，大眾與法庭仍熱切地討論這些權利。十九世紀後期，幾乎所有的州都有法律規定，在懷孕的任何階段墮胎或試圖墮胎都是非法的。到了一九六〇年代初期，有四十四州允許懷孕危及孕婦生命時墮胎，有五個州允許懷孕危及孕婦生命或健康時墮胎。[13]賓州不允許任何情況的墮胎。在後續的十年，墮胎權改變迅速。一九七二年，十三州的法律允許以下情況的墮胎：孕婦的生命或身心健康受到威脅；孕婦知道胎兒有先天嚴重的身心缺陷；強姦或亂倫造成的懷孕。[14]

這時，孕婦的生命與健康已不是允許墮胎的唯一因素。懷孕的情況，以及胎兒預期的身心狀況，也是允許墮胎的考量因素。在一九七三年〈羅訴韋德案〉（Roe v. Wade）案中，最高法院裁定，在胚胎發育（viable）之前，孕婦有憲法賦予的墮胎權。「發育」的定義是，在子宮外可以靠人工輔助生存。各州可實施法律，限制婦女在胚胎發育到可存活的程度後的墮胎權利，只在需要墮胎以保護孕婦生命或身心健康的情況下才能墮胎。

最高法院裁定，墮胎的合法性是一項基本權利，包含在個人隱私的保障範圍內。這是尼克森任命的大法官哈利．布萊克蒙（Harry Blackmun）撰寫的裁決：「隱私權……的範圍很廣，涵蓋女性是否終止妊娠的決定。」[15]

最高法院表示，限制墮胎的規定必須以「令人信服的州利益」為依據。這點很重要，因為它提醒我們墮胎也是攸關個人自主權（孕婦控制自己身體的權利）與社會規範之間的平衡。更直白地說，「令人信服的州利益」這個要求讓人不禁質疑：女性的生殖器官究竟是私有的，還是由社會集體擁有及管理的，而且還有社會制定規則來決定她對自己的身體能做什麼及不能做什麼。

關於〈羅訴韋德案〉的裁決有許多關鍵問題，其中一個最基本的問題是胎兒是否擁有權利。美國《權利法案》（Bill of Rights）是討論「人」權，人權是指人類的權利。把胚胎定義為人公平嗎？在〈羅訴韋德案〉中，法院的觀點是，胚胎不是「第十四修正案所指的人」，因此不受該修正案的平等保護條款的約束。那些希望避免捲入這場爭論的人常把胚胎描述為具有「發展出人命的潛力」。

法院的裁決側重於胚胎的發育力，這可以解釋成「胚胎」vs.「孕婦生命」的相對價值轉變。未發育的胚胎可以按孕婦的意願終止妊娠。美國法律賦予胎兒更多的生存權。一旦確定胎兒是可發育的，胚胎對社會的相對價值就增加了，墮胎只能在該州定義的有限情況下合法進行。〈羅訴韋德案〉的判決宣布時，法院認同與發育力有關的胎齡是不固定的，會隨著科學進步而變。

一般來說，胎齡越短，胎兒的體重越輕，存活率越小。在富國，胎齡滿二十五週、出生體重達六百克的胎兒大多能存活下來。[16]在已開發國家，胎齡二十三到二十四週的胎兒中，至少一半出生後能存活下來。[17]年紀最小且長成健康成人的早產兒僅有二十一週的胎齡。[18]

由於英美兩國有歷史關聯，這裡也值得看一下英國的墮胎法。一九六七年的《墮胎法》讓孕期二十八週內的墮胎在英國是合法的。一九九〇年，法律將孕期縮短為二十四週，但少數情況下仍可選擇晚期墮胎，包括極端的胎兒畸形，以及為了拯救孕婦的生命或保護孕婦的健康。這個時間範圍的縮短可能反映了早產兒醫療保健的改善。

孕期是討論懷孕的一個重要考量。在美國，各政治派別對於墮胎權利的支持，都隨著胎兒年齡的增長而減少。在二〇一八年的一項民調中，13％的受訪者認同在懷孕的最後三個月「墮胎通常應該是合法的」，這個比例明顯低於下面的情況：28％的人認為妊娠中期墮胎應該是合法的，60％的人認為妊娠早期墮胎應該是合法的。[19] 這種對墮胎合適度的看法轉變，可能反映了人們對胎兒發育力的直覺。

人們對墮胎權的看法隨著孕期而改變，反映社會眼中的「胎兒的相對價值」隨著胎兒發育而改變。探索這個議題的一種方法，是檢視胎兒vs.孕婦生命的相對價值。當孕婦可以拿任何理由墮胎、不受限制時，那麼胎兒相對於孕婦的生命價值就微不足道。法律限制的墮胎，代表胎兒擁有一些權利的情況，也就是說，胎兒的相對價值大於零。在不許墮胎的情況下，胎兒至少享有與孕婦平等的權利。在這種情況下，法律認為墮胎是謀殺，相當於孩子出生後遭到殺害。當墮胎是非法的，即使胎兒危及孕婦的生命，那也表示婦女被剝奪了保護自己生命的基本權——這種情況可以理解成胎兒被賦予的權利比孕婦還多。

想像一下，我們以0％到100％來衡量孕婦的墮胎權。不管孕婦的生命安危，一律禁止墮胎，孕婦的墮胎權就是0％。在部分情況下允許墮胎的國家，孕婦的墮胎權是從0％到100％不等，主要是看孕婦的權利及孕期階段而定。孕婦墮胎權100％，表示孕婦可以拿任何理由墮胎。美國部分地區的孕婦在胚胎被認定發育以前，擁有這種100％的權利。胚胎開始發育後，墮胎權就開始下滑，因為墮胎往往必須基於具體的考量才有理由進行，例如挽救孕婦的生命或健康。胎兒接近九個月的孕期時，這個墮胎權的百分比急劇下降。在接近分娩時，那個百分比接近零。舉一個極端的例子，孕婦不能在分娩前一小時決定墮胎。

美國各州的墮胎法律有很大的差異，許多州是最近幾年通過墮胎法。截至二〇一九年十月，性別選擇性墮胎在九個州是非法的。有兩個州（密蘇里州和北達科他州）禁止基因異常性墮胎，有兩個州（亞利桑那州和密蘇里州）禁止種族選擇性墮胎。[20]

胎兒獲得的法律權利越多，社會法律衡量的胎兒相對價值越高。那些希望賦予胎兒權利的人發現，州法律對加重犯罪（aggravated crimes）的規範是一個切入點。加重攻擊（aggravated assault）通常異於一般攻擊，差別在於武器的使用、受害者的身分、行凶者的意圖、造成的傷害程度。[21]一些州已經通過加重攻擊罪的立法，當受害者是孕婦時，便加重犯罪懲罰。這些法律稱為殺害胎兒法（fetal homicide laws），目前三十八州有這個法律，各州法律在用語與意圖方面差異很大。[22]在加州，謀殺的定義是：懷著惡意預謀殺害一個人或胎兒。[23]在羅德島州，殺人罪的定義包括藉由對孕婦的傷害而故意殺害存活的胎兒。[24]有些人把殺害胎兒罪的額外判決解讀成，在這些州，胎兒的生存權獲得了承認。這點目前仍有爭議，州法律和聯邦法律的裁決不同。更廣義地說，司法體系的不同層級仍持續對〈羅訴韋德案〉提出法律異議，關於墮胎合法性的裁決，隨時都有可能因為一兩票的變化而改變。例如，最高法院對一九八九年〈委伯斯特訴優生保健服務局案〉（Webster v. Reproductive Health Services）的判決，就差點改變了墮胎的合法性。[25]

隨著科學的持續進步，胎兒可以在更早的孕期、更輕的體重下存活。如果科學發展到精子與卵子可以在體外結合、受精，然後在人造子宮中培育胚胎到新生兒的發育階段，那麼胚胎就不會再有從「尚未發育」到「發育」的轉變。如果妊娠不需要女性的子宮，胚胎不是一直都可以發育嗎？人工子宮將使人很難主張，胚胎在孕期的任何階段都沒有權利。當科技發展到妊娠不需要女性子宮時，關於「女性對自己身體的掌控權 vs. 社會規範」之間的平衡爭論是否也會消失？如今的法律可能要求女性違背自己的意願，在自己的身體裡孕育生命，未來人工子宮的出現會消除這種可能嗎？如果體外受精九個月後，一個健康的嬰兒可從人工子宮出生，那個從未見過女性子宮內部的胎兒究竟是在何時長成一個人呢？人類的生命究竟是從什麼時候開始算起呢？

目前還不清楚科技能否發展到那個境界，但如果人工子宮是一種選擇，那就有必要從根本重新思考活人的定義。這本書並沒有要回答這些重要的哲學問題，但在這個醫學技術突飛猛進的時代，把這些問題提出來思考很重要。

殘疾選擇性墮胎

殘疾選擇性墮胎這個選項（例如確診為唐氏症、無腦畸形或戴薩克斯症的胎兒），讓父母能夠權衡「時間和金錢的預期價值」與「養育先天性異常孩子的挑戰和成本」。這是一個受宗教、倫理、個人價值觀、經濟影響的情感決定。這些篩檢資訊通常可在妊娠的前期與中期取得。

同樣地，父母通常不會製作試算表來分析未來幾十年與下面決策有關的預期金流：「讓有先天性異常的胎兒足月分娩」vs.「墮胎後再試圖懷孕」。但是話又說回來，財務考量往往是許多準父母決定要不要對先天性異常的胎兒進行墮胎手術的一大考量，畢竟不考慮財務方面的顧慮算是一大疏漏。準父母可能估計，有先天性異常的孩子在醫療保健與教育等領域平均會花較多的費用。就預期收入來說，準父母也可能估計，有先天性異常的成年子女的平均收入可能低於一般的成年子女，因此父母年老後也比較不可能依賴孩子照養。光從財務角度來看，一些父母可能認為有先天性異常的胎兒比一般胎兒的淨現值（或價碼）低。

這種較低價碼可能反映在先天異常的胎兒常遭到人工流產。在美國，多數患有唐氏症的胎兒遭到人工流產，比例遠高於未確診有先天性異常的胎兒。[26]許多人支持婦女有權做出這種選擇，但也有人認為殘疾選擇性墮胎不道德。

一些人擔心殘疾選擇性墮胎可能為其他基因因素的選擇敞開大門。我們不難想像每個胎兒都有詳細基因圖譜的世界是什麼樣子。基因圖譜可用來預測頭髮的顏色、壽命、身高。更詳細的分析可以預測罹患特定疾病的機率，包括癌症與心血管疾病，甚至可能預測一些智力相關指標。父母可以根據許多遺傳因素為胎兒賦予生命價值，並挑選他們認為價值最大的胎兒。一些生育診所已經提供類似這樣的服務，讓準媽媽選擇精子捐贈者的某些特徵。雖然距離「設計嬰兒」的境界，還有很長的路要走，精種選擇儲藏所（Repository for Germinal Choice）已經培育出兩百多名嬰兒。精種選擇儲藏所是只收諾貝爾科學獎得主及其他科學家捐贈精子的精子銀行。[27]與此同時，CRISPR（Clustered Regularly Interspaced Short Palindromic Repeats，全名是「常間回文重複序列叢集關聯蛋白」）之類的科技，讓科學家可以在胚胎階段改變單個核苷酸，或插入或刪除整個基因，從而永久地改變生殖細胞系（germ line），以避免罹患鐮形血球貧血症、囊狀纖維化等疾病。[28]二〇一八年十二月，賀建奎宣布他利用CRISPR技術，在體外受精過程中對人類胚胎的DNA進行了基因編輯。[29]每當有父母試圖透過基因檢測來選擇他們認為比較完美的孩子時，關於墮胎權與個人隱私權的爭論就會與優生學的爭論混為一談。

在未來的新世界中，孕前與孕後不光只是篩檢性別而已，任何與基因有關的東西都有可能拿來篩選。隨著科技的進步，倫理問題也會接踵而至，因此需要嚴謹地探索與討論，以確保科學不會太過超前倫理與道德考慮。

性別選擇

一提到「性別選擇」，大家馬上聯想到中國、印度那樣的國家，然而性別選擇不止發生在那一、兩個國家內，而是在亞洲、歐洲，甚至美國的部分地區產生漣漪效應。有些準父母會選擇男孩，不要女孩。

性別選擇是重男輕女造成的，生育率下降時，更容易凸顯出這個現象。[30]重男輕女是指父母對兒子的評價高於女兒，這有許多淵源。許多社會傳統上是男性主導，財產權、繼承法、嫁妝制度都是為男性設計的。在東亞文化中，儒家階級制度明確地認定女性是從屬於男性的。[31]父母可能需要一個兒子來確保家產不會遭到國家吸收或傳給其他家庭。長子繼承權是指長子有權獲得特別份額的遺產。在聖經中，飢餓的以掃（Esau）為了一碗紅豆湯，把長子名分轉讓給雙胞胎弟弟雅各（Jacob）。

各種評價生命的方法都涉及一個共通的主題：一個生命比另一個生命更有價值時，

價值較低的生命獲得的保護較少。在重男輕女之下，女孩的生命價值較低，因此受到的保護比男孩少。這裡的「價值」可以是非貨幣性的考量，也可以是貨幣性的價碼。為了本書的討論目的，我們主要是把焦點放在貨幣性的價碼上。

重男輕女沒有單一的解釋。在許多文化中，以前生男孩比生女孩在經濟上享有更多的優勢，某些文化至今仍是如此。在一些傳統上男性主導的文化中，女孩應該早婚並放棄教育。婚姻可能需要嫁妝，那表示年輕女孩的父母必須在女兒結婚時，把金錢或財產轉移給夫家。大家常期望女孩結婚後搬入夫家，養兒育女，幫忙照顧丈夫的父母。從父母的角度來看，在這種社會中，兒子的淨現值往往比女兒高得多。簡言之，在一些文化中，生女兒對父母來說不如生兒子來得划算。準父母不會忙著製作淨現值試算表，以比較生兒子與生女兒的預期財務價值，但某些文化中，從父母的角度來看，這種財務差異依然存在。

重男輕女的觀念已經存在數千年了。過去幾十年的新局勢是，生育率下降導致家庭規模大幅縮小。一九五〇年代，中國與印度的總生育率是，每位婦女平均生育超過五個孩子；但中國的生育率在一九七〇年代降至三個孩子以下。十多年來，印度的生育率也一直低於那個水準。如今，中國的總生育率約為一．六個孩子，印度約為二．三個孩子。32

家裡有五、六個孩子的家庭，很可能至少有一個兒子。隨著家庭規模縮小，情況改變了。如果一個家庭只有一、兩個孩子，他們很可能沒有兒子，除非他們採取措施去扭轉局面。

有性別選擇的地方，就有「失蹤女孩」，亦即「實際出生的女孩人數」與「不殺女嬰及性別選擇性墮胎不存在時的女孩人數」之間的差距。[33]歷史上有新生兒及年輕女孩遭到選擇性殺害的例子，但這種事情不止發生在過去。[34]儘管毛澤東有句名言「婦女能頂半邊天」，中國女孩的死亡率依然過高。[35]「失蹤女孩」的最常見原因是產前選擇，而不是殺女嬰。醫生用超音波來判斷胎兒的性別，接著準父母會決定是否墮胎。在印度，約87%的「失蹤女孩」是產前選擇造成的，13%是產後選擇造成的，例如殺嬰、新生兒的醫療照護減少。

從人口統計學可以輕易判斷一個社會裡是否有產前性別選擇：計算特定人口中新生男孩與新生女孩的比例。在沒有性別選擇下，每出生一百個女孩是對應一〇五個男孩。當父母優先選擇男孩時，男孩相對於女孩的比例會上升。

出生時性別比例最極端的國家包括亞洲國家裡的中國、印度、越南，以及東歐國家裡的亞美尼亞、亞塞拜然、喬治亞。不過，性別選擇不止發生在這些國家。[37]這幾國合起來約占世界人口的40%。二〇一七年，有四國的出生男女比是110：100或更高：中國、亞美尼亞、亞塞拜然、印度。[38]二〇三〇年，預計中國將有四千多萬名處於最佳生育年齡（十五至四十九歲）的超額男性，印度將有三千多萬名。[39]這些人比北京、上海、德里等大都會加起來的總人口還多。在印度與中國境內，各地的性別選擇率差異很大。印度北部旁遮普邦（Punjab）的出生男女性別比至少是120：100，印度其他地區的男女性別比則很正常。[40]在中國，西藏地區的出生性別比很正常，但陝西、河南、湖北、福建等地區的出生性別比則很異常。[41]

性別選擇跟其他的醫療技術一樣，通常是始於精英階層，他們最有管道及財力取得最新技術。在南韓，性別選擇是從首爾開始。在亞塞拜然，性別選擇是始於首都巴庫。在印度，有高中學歷的人生育的男女比例高於沒有高中學歷的人。富裕的城市居民是最早獲得超音波服務的人。因此，在有性別選擇的國家，那些人口的出生男女比例先上升，因為女性胎兒遭到選擇性流產。隨著時間推移，超音波技術傳播到窮人與農村人口中，選擇性墮胎也跟著傳播。[42]

出生胎次（birth parity）是指一名婦女生過的孩子數量。這個數字可用來預測許多國家的出生性別比。在重男輕女的文化中，家長在每個孩子出生後都會感到「生產壓力」（birth squeeze）加劇。生了一、兩個女兒後，有重男輕女觀念的父母會面臨更大的生兒子壓力。在亞美尼亞，第一胎與第二胎的男女比例是正常的，但後來胎次的男女比例暴增至150：100以上。[43]越南、香港以及其他男女比例隨著出生胎次增加的國家也有類似的趨勢。[44]性別選擇在美國也很明顯，中國、韓國、印度父母在美國生孩子時，如果第一或前兩個孩子都是女孩，第二與第三個孩子的出生男女比例也會提高。[45]這些比率與「性別終止」（sex-specific stopping）有關，我們將在下一小節說明這個概念，可能也和亞裔美國人的墮胎率是白人的兩倍以上有關。[46]

有性別選擇的國家也可能消除性別選擇。一九九〇年代初期，性別選擇在韓國非常盛行，但是到了二〇〇七年，出生性別比又回到正常範圍。[47]這個趨勢是靠減少「重男輕女」的觀念，以及施行法規加強限制超音波的使用造成的。[48]

減少重男輕女的觀念有助於消除性別選擇，但增加法律管制不見得有效。性別選擇在中國與印度都是非法的，這兩國都有嚴格的法律與懲罰條例以禁止性別選擇。然而，儘管法規嚴苛，但執行上並不嚴格。[49]在中國與印度，墮胎都是合法的，儘管立法限制性別選擇，但選擇性墮胎女性胚胎依然猖獗。前面提過，截至二〇一九年十月，性別選擇性墮胎在美國九個州仍是非法的。[50]

軟性的性別選擇

在超音波出現以前，大家是採用軟性與硬性的方法來選擇性別。硬性方法包括一些可怕的做法，例如殺死新生兒或拒絕治療新生兒。最溫和的方法是一直生孩子，直到終於生到你想要的性別為止，這就是所謂的「性別終止」，因為一旦父母有了他們想要的孩子數量與性別，他們就開始避孕。在許多國家，已經有兩個女兒的夫婦比生了一男一女的夫婦更有可能繼續生下去。[51]

在重男輕女的社會中，性別終止意味著最後一胎的性別比例嚴重偏向男孩。例如，在印度，出生性別比約為110：100，但最後一胎的性別比接近150：100。[52]

溢出效應

性別選擇與重男輕女的觀念，導致大家賦予男孩的生命價值高於女孩，這樣做的後果相當深遠。光是中國目前男性過多的問題，就可能導致數千萬名男性找不到配偶。數百萬睪固酮濃度高漲卻找不到伴侶的男性可能導致社會問題，包括失職怠工增加、犯罪增加，甚至可能導致政治不穩。印度與中國的高官都對性別失衡可能導致的政治不穩表示擔憂。[53]

缺乏潛在的婚配對象可能導致性販運及賣淫增加。有些家庭為了幫女兒獲得金錢，由家人協商的媒妁婚姻可能增加。在單身男性過剩的國家，男性可能到鄰近國家尋找新娘，跨國婚姻也會增加。這表示一國的性別失衡也會影響到鄰國。女性不足原本只是國家問題，但可能演變成區域問題。由於性別選擇，越南國內一直有女性不足的問題。儘管如此，還是有大批台灣與中國男性參加「婚姻旅遊」，前往越南物色妻子。[54]這導致越南男人約會及結婚的對象更少了，因為他們必須與當地男性及外國男性競爭數量有限的越南女性。這種女性供給失衡的現象，最終會導致生女孩的相對價值提升，但有些人口依然維持重男輕女的文化傳統。

未來展望

超音波再加上選擇性墮胎，這種科技進步導致性別選擇不再個人化，變得更醫學化。性別選擇技術持續進步，如今已經可以分離出雄性與雌性精子，儘管不是百分之百精準。有了精蟲分離術，父母可以為人工授精挑選雄性或雌性精子。此外，還有胚胎著床前診斷，包括著床前對受精胚胎進行性別篩選，以及對一百多種基因狀況進行篩選。

精蟲分離術與胚胎著床前診斷目前都很昂貴，只有少數幾國的富人負擔得起，就像幾十年前的超音波技術一樣。隨著時間的推移，它們可能會變得更熱門，也更平價。與此同時，生育旅遊可能會前往美國，那裡的一些生育診所提供這些服務。

對父母及支持墮胎的人來說，一個關鍵的優勢是，這些服務迴避了選擇性墮胎的討論，因為胎兒的性別在植入前就選好了。儘管如此，這些方法仍然讓父母權衡生男孩與生女孩的相對價值，導致自然的隨機性朝一個方向傾斜。

性別選擇的未來

預期金流的差異，是導致一些性別選擇的原因。當那些預期金流改變時，也可能使出生時性別比的一些扭曲現象回歸正常水準。在多數國家，女性的財產和繼承權已達到男性的水準。女性獲得的教育機會越來越多，這個趨勢正在創造一種不斷變化的性別動態。在這種變化中，女性將會獲得更多的權力，可以在生活中擁有更多的經濟機會與選擇。在許多國家，如今女性獲得小學與中學教育的比例已經與男性相當。[55]女性學歷的提升，與結婚率下降及日益晚婚有關。改善女性教育的全球效益，使女性的經濟實力和賦權相對增加。女性機會的改善與生育率的降低有關，這並非巧合，因為平均受教育年限與女性生育的孩子總數之間有很強的負相關。[56]

女性擔任老人照護者的機率比男性高。隨著女性經濟機會的增加，以及人口老化對照顧者的需求增加，重男輕女的觀念應該會減少。世界各地的女性在政治上扮演日益重要的角色，那將讓父母更加明白生女孩的潛在優勢。更廣義地說，在目前實行性別選擇的人口中，我們可以合理地預期，隨著女性在政治與社會上變得更有權力、學歷提升、更有能力賺取更高的薪酬，生男孩相對於生女孩的經濟優勢將會減少。雖然還是有一些人堅持嫁妝制度、儒家階級制、其他形式的重男輕女觀念，但那些人在實行性別選擇的國家中，占總人口的比例會越來越少。

一個人選擇生男孩時，那個決定看似無害。但數百萬人都做同樣的選擇時，可能導致集體災難。這正是「公地悲劇」（tragedy of the commons）的例子，也就是說，每個人都追求自身利益時，將導致整個社會受害。

這又回到了權衡「個人權利」vs.「集體利益」的古老爭論。個人身為社會的一員，必須做什麼犧牲？這個主題可能會爭論到歷史終結，遠遠超出本書討論的範圍。

為了討論，我們需要了解的不只是影響本章開頭的珍妮決定是否繼續懷孕的因素，也要瞭解影響每天成千上萬個懷孕決定的因素，以及這些懷孕決定所衍生的一些後果。[57]

第九章　壞掉的計算機

一九八七年十月，十八個月大的潔西卡．麥克盧爾（Jessica McClure）掉進德州姑媽家後院的一口井裡。救援任務吸引了全國媒體的關注，捐款如潮水般湧來，以幫忙拯救潔西卡及支付她歷經苦難後的醫療費。這些錢大多沒派上用場，後來存入一個信託基金，據信價值近一百萬美元。「嬰兒」潔西卡在二十五歲生日時獲得了那筆錢，如今她三十幾歲，已婚，有兩個孩子。同樣在一九八七年，據估計有一千三百萬名未滿五歲的孩童死亡，其中有多起死亡原本是可以避免的。[1] 與潔西卡不同的是，這些孩子幾乎都沒有受到媒體關注，也幾乎沒有人捐錢拯救他們。

潔西卡是一條明確的生命，她正面臨迫在眉睫的死亡。她陷入悲慘的情境，是一個明確的人，有名字與家庭。她面臨的危險以及她的照片，透過電視螢幕傳給了大眾。觀眾可以輕易想像潔西卡獲救後的生活，以及萬一她不幸死亡，家人可能產生的嚴重失落感。觀眾捐錢以拯救小潔西卡，是因為他們有一個崇高的目標，想幫忙拯救這個大家關注的生命，一個他們可以輕易產生共鳴的生命。

相較之下，很少人知道全球數百萬名不幸喪生的兒童的個人細節。媒體不會鋪天蓋地地報導每個孩子的簡短人生、家庭、夢想與痛苦。而且，我們也不知道，如果我們出錢幫助那些身陷危險的孩子，哪個孩子會獲救。那數百萬條人命合起來變成一個統計數據，我們只能討論死亡率及預期的死亡總數。這些數字發表在科學期刊上，由學者及發展組織進行分析，並在國際會議上討論。我們可以用另一種假設情況的結果來進行計算比較，例如，假設那些救援小潔西卡的捐款和信託基金，改為用來幫開發中國家的兒童接種疫苗或改善水供給。潔西卡是一個明確的孩子，不救她的話，她肯定會死。那些救援捐款若是拿去接種疫苗或改善供水的話，可以拯救許多孩子，但大眾不會知道每個孩子的身分。

媒體的關注及隨後湧入的救援捐款，都是為了小潔西卡當下面臨的死亡威脅，而不是為了一群身陷險境、無人知曉的孩子。潔西卡迫在眉睫的死亡威脅是明確的，那也是引起大眾反應的原因，因為人類往往比較重視確定的結果，這個現象稱為「確定效應」（certainty effect）。[2]

大眾對小潔西卡的反應，以及對同年數百萬名喪生孩童的反應，形成了強烈的對比。那對比是一種確認受害者效應，這裡稱為「確認偏誤」（identification bias）。大家通常比較關心集中在某人或某組人身上的風險，而不是分散在一大群人身上的風險。[3]或者，就像德蕾莎修女（Mother Theresa）所說的：「面對大眾，我不會行動；但看到一個人，我就會行動。」[4,5]

討論統計生命價值的估計值時，經濟學家會強調這些估計值不是指某些特定、明確的生命。當你想從你認識的某人的角度——同事、朋友、父母——重新評估生命價值時，這些經濟估計值就沒有意義了。同樣地，討論我們如何評價健康時，問題一涉及到個人，就無法繼續討論下去。雖然健康經濟學家可以計算一種新抗癌藥的必要治癒率需要達到多少，從成本效益的角度才值得採用，但這種分析與你會花多少錢來維護自己或親人的健康毫無關聯。

確認偏誤是影響我們評價生命的最強大偏誤之一。有無數的例子可以證明，從統計資料轉變成特定個人的生命時，我們看待生命的價值會大幅增加，而且往往會使人採取原本可能不會做的行動。二〇一〇年，全世界目睹三十三位智利礦工在一次塌方事故中，受困在地下七百米的地方。一場耗資約兩千萬美元的救援行動，成功地把受困在地底兩個多月的所有礦工都救了出來。電視與網路報導使全球數百萬人可以立即得知這次成功救援。救援任務的費用是由採礦公司、智利政府、個人捐助者一起承擔。在受困的六十九天期間，世界各地即使沒有數千名礦工在工作中喪生，至少也有數百名。[6]美國人對其他礦工罹難的事件大多一無所知，其他的罹難礦工幾乎都沒有得到新聞報導，他們的個人故事也沒有人分享。用來拯救他們生命的金錢，可能遠比用來拯救那三十三位智利人的金錢還少。

截至二〇一九年十月，敘利亞的內戰已經導致該國一半以上的人口死亡或流離失所。[7]目前有超過五百萬名敘利亞的難民住在鄰國，包括土耳其、黎巴嫩、伊拉克、埃及、約旦。儘管敘利亞難民眾多，而且這場人道危機的範圍很廣，但「敘利亞難民」一詞在許多美國人的腦海中只會浮現一個畫面：三歲的艾蘭．庫迪（Aylan Kurdi）臉朝下趴在土耳其海灘上溺水身亡的照片。[8]那張照片使美國人對敘利亞內戰及敘利亞難民危機的興趣激增，因為它把那場悲劇個人化了，在統計資料上附加了一個具體的個體人性故事。

募款組織都很了解這種「確認偏誤」。引用捐款能拯救多少人命的統計數據，效果有限。顯示一幅饑餓或哭泣孩子的照片，提供資助那個孩子的機會，甚至讓捐款者有機會直接與他們拯救的孩子交流，往往比只是列出事實與資料更有效果。[9]

同理心

確認偏誤是影響生命評價的一個因素。確認偏誤會影響同理心，亦即我們了解及關切他人感受的能力。同理心可以影響先入之見，影響我們如何看待生命。保羅．布倫（Paul

Bloom）在《失控的同理心》（*Against Empathy*）一書中提到，同理心有時會讓我們更公平地評價生命，但有時也會導致我們不公平地評價生命。[10]同理心不是靜態值，它會隨著我們的身體、心理、財務、情緒、最近的經驗、關係的變化而改變。

同理心是正常人類行為的基礎，也是凝聚社會結構的力量，使社會得以運轉，物種得以生存。在一個家庭中，同理心是自然的，也是必要的。由於嬰兒無法照顧自己，對新生兒的同理心是生理上必要的。如果我們沒有興趣或意願去照顧後代，人類這個物種很快就會滅絕。演化取決於基因的傳承[11]，這個牽涉範圍不僅限於直系家屬，而是延及整個大家庭，還會傳播到更大的群體（例如部落），以及那些沒有直接關係，但有相似的文化、種族、宗教、民族、特殊利益、其他特徵的人。同理心可能也視年齡而異，我們可能比較關心年幼者、老邁者或同齡者的感受。[12]

我們對別人的同理心越強，對其生命的評價越高。這種價值可以用我們為了改善他的生活所付出的時間，或我們對他展現的關心來表達；或者，在涉及金錢的情況下，也可以用我們為他的生命賦予的價碼來表達。

同理心的相反是冷漠，亦即漠不關心。冷漠的一個後果是，我們覺得沒什麼共鳴的人，生命價值也比較低。這可能包括那些與我們沒有共同的基因、熟悉的連結、文化、種族、宗教、國籍、特殊興趣或其他特徵的人。

公民身分是一種強大的自我認同形式，可大幅影響我們評價人命的方式。在和平時期，同一國的公民身分可能使人關注同胞的生命，也使人低估他國人民的生命，有時導致他國生命得不到充分的保障。回想一下ACME（第四章那個靠近加拿大邊境的燃煤發電廠），成本效益分析中忽略加拿大人的生命時，將使人面臨更多的風險。

在戰爭期間，大家對生命價值的考量會發生根本的轉變。戰時，士兵殺害敵國的人不再是犯罪。從士兵的國家來看，那是正當殺人，是道德的，而且常被美化。國家、州或團體之間的武裝衝突，會導致一方大幅調降敵方生命的價值。戰爭的目的就是為了打敗敵人，殺死敵人的士兵不僅道德上與社會上是可接受的，還常獲頒獎章且獲得公開讚揚。他們不再把敵人當人看，還會誇大敵人構成的威脅，甚至捏造威脅，以證明戰爭及對應的殺戮是正當的。這種「非人化」的作法，是為了減少對敵人的同理心——越不把對方當人看，我方士兵殺死他們時，我們的罪惡感越少。我方喪失的人命理當哀悼，敵方喪生的公民、更遑論敵方喪生的士兵，大多遭到我方媒體與大眾的忽視。

很少人質疑，那些出於自衛的殺人，在道德上是否站得住腳。正當殺人是指，你的生命面臨迫在眉睫的威脅，促使你殺了人。正當殺人除了自衛以外，也包括殺人可以防止無辜者受到更大傷害的情況。自古以來，政治人物就常拿「自衛」這個論點為戰爭辯護，因為這種論點把戰爭視為在道德上、社會上、法律上可以奪走他人性命的情況。美國歷史就是如此，美國把自己比喻成一個勉為其難上場的戰士，把幾乎所有的國際衝突都描繪成是為了自衛或保護人權而不得不出征。

透過有效的宣傳，把敵人「非人化」，並經常灌輸國家需要自衛的資訊，民族主義的熱情可能迅速變成嗜血的狂熱。美國人團結起來支持美墨戰爭（一八四六至四八年），高呼戰鬥口號「記住阿拉莫」（Remember the Alamo）*，對喪生的墨西哥人漠不關心。美國提出的理由是，美墨兩國的士兵橫跨格蘭河（Rio Grande）發生小規模的衝突後，有必要為了自衛而出戰。墨西哥人對這些事件則是抱持非常不同的看法，他們比較關注格蘭河以北那片土地的歷史，以及美國不斷擴大領土的作法。

半個世紀後，在媒體不斷散播戰鬥口號「記住緬因號」（Remember the Maine）的鼓動下，美國人支持美西戰爭（一八九八年）。緬因號是在哈瓦那港爆炸後沉沒的美國軍艦。雖然爆炸的原因從來沒有定論，但在報紙與大眾的眼中，數百名美國海軍的喪生需要報復。約兩個月後，美國與西班牙就開戰了。

二次大戰期間，美國散布了大量的文宣，把日本人描繪成充滿獸性的野蠻人，加以

「非人化」。與此同時，這種宣傳的目的也是為了對美國人灌輸恐懼，向國人傳達敵人很強大，需要打敗。這種把日本人描繪成「對美國構成死亡威脅的次等人」的形象，不僅為殲滅日本士兵提供了道德掩護，也為美國轟炸東京期間以及在廣島和長崎投下原子彈時所造成的平民傷亡提供了道德掩護。[13]

殺死敵軍是戰爭的預期結果，大家也認為那是美軍捍衛國家的責任。敵方士兵的生命在戰時沒有價值，而且從美國的角度來看，可能還認為敵兵的生命價值是負的，因為殺死對方可讓美國更接近勝利。屠殺敵方的平民，顯示戰爭狀態會削弱人類生命的價值。如今許多美國人認為二戰是一場正義之戰，是我們「最偉大的世代」（Greatest Generation）為世界效力的戰爭。[14]這場戰爭的正當性不僅是以日本偷襲珍珠港為依據，也是以戰爭侵略者的不人道暴行為依據。

納粹德國的宣傳機器把猶太人描繪成威脅，同時也把他們非人化。他們把雅利安人描繪成比其他人種優越，又把猶太人描繪成次等人，這種操作促成了納粹大屠殺及大量

*編按：指一八三六年的阿拉莫之戰。該年德克薩斯反抗墨西哥獨裁政權，引發墨西哥揮軍進攻德克薩斯，最終於阿拉莫城進行圍城戰。在兩百多名民兵死守十三天後終被攻破，阿拉莫全軍陣亡，墨軍卻也死傷無數。此戰的悲壯故事引發德州與其他美國人的愛國之心，成為日後德克薩斯脫離墨西哥獨立及影響美墨戰爭的關鍵事件。

人命喪生。那些被德國人和日本人關押的戰俘，除了在集中營中遭到虐待以外，常被迫工作到死或餓死。德軍輕易轟炸平民區，同盟國也以同樣的作法回敬敵軍，轟炸德勒斯登（Dresden），導致成千上萬的德國平民喪生。[15]日本對中國的侵略遠不止於軍事交戰，也包括對平民的攻擊，例如令人髮指的南京大屠殺，導致成千上萬的平民喪生，日本人至今仍未完全承認該事件。[16]

美國在戰爭中的犧牲理當獲得表揚，因戰爭殉職的四十二萬名美國士兵都獲得了國家的表彰。然而，美國的史書中很少提及美國的盟友承受更大的傷亡：蘇聯失去約一千萬名士兵及一千四百萬名公民，中國損失約三百萬到四百萬的士兵。[17]戰爭中喪生的數百萬名德國與日本士兵及平民也很少獲得美國媒體與大眾的關注，因為敵方的生命都被低估了。

慘絕人寰的二戰結束後，大家認為審判戰犯的行為及制定戰爭規則是必要且適當的。紐倫堡審判（Nuremberg trials）始於一九四五年，目的是為了懲罰納粹戰犯。這些軍事法庭要求明確界定什麼行為構成戰爭罪，什麼行為是戰爭期間可接受的。紐倫堡原則定義了戰爭罪、危害人類罪、危害和平罪，例如發動侵略戰爭。雖然確立的原則很明確，但也可以明顯看出其中的虛偽。關於其中的虛偽，二戰的空軍上將柯蒂斯·李梅（Curtis

LeMay）說得最好，他是一九四五年東京轟炸行動的指揮官，他說：「我想，如果我輸了這一戰，我也會被當成戰犯審判。幸好，我們贏了。」[18]

僅僅幾十年後，一九六四年八月七日，美國國會通過了《北部灣決議案》（Gulf of Tonkin Resolution），以因應那一週北越海軍與美國海軍在北部灣（Gulf of Tonkin）發生的事件。兩國海軍的船隻在八月二日交戰，但是引發美國國會採取行動的是，據稱八月四日北越對美國船隻進行二度攻擊。後來證實，這個二度攻擊是美國捏造出來的。《北部灣決議案》讓美國有理由把衝突升級。美國國會與人民出於自衛的理由，以及對該區共產國家骨牌效應的恐懼，對軍防的升級變得更加放心。越戰結束時，近六萬名美國士兵喪生，並掀起一場「任務中失蹤／戰俘」（MIA/POW）活動，持續至今。華盛頓特區那座感人的紀念碑象徵著全國的悲痛，但很少人提到那場戰爭也死了上百萬名越南人。[19]那些越南的人命在美國人的眼中不像美國士兵那麼有價值。

波斯灣戰爭（一九九〇至九一年）是以一場大規模的宣傳運動做為開端，以營造出一種形象：海珊及其軍隊是一種存亡威脅，而且只有美軍有能力遏制這種威脅。關於伊拉克有強大「百萬大軍」的報導，是為了激起美國人民的恐懼，也是為了支援在該區部署超過五十萬大軍的策略。[20]布希總統在那些宣傳中把伊拉克領導人比成希特勒，並把海珊的名字發音唸得跟「撒旦」相似。妖魔化敵人，並把伊拉克虛構成危及美國存亡的威脅，有效地吸引了全國支持即將展開的殺戮。許多美國人擔心美國士兵因這場衝突而受到傷害，但由於伊拉克的軍勢薄弱顯而易見，實際的地面戰只打了幾天就結束了。如今，美國人常把那場戰爭視為一場正義之戰，是美國號召一個國際聯盟，捍衛了科威特的人權，並擊敗了殘暴的獨裁者海珊。美國大眾仍記得在戰爭中喪生的數百名美國人，但很少人關注在衝突中喪生的上萬名伊拉克人，其中有許多是平民。

二〇〇三年布希總統決定入侵伊拉克以前，自衛的論點再次出現。起初，布希政府試圖把伊拉克人與九一一恐攻連在一起，這樣一來，更容易幫入侵伊拉克找到正當的理由。但那樣做無效後，政府轉而開始宣傳伊拉克正在囤積大規模毀滅性武器，對美國構成了迫在眉睫的生存威脅。這點後來變成「布希主義」（Bush Doctrine）中先發制人策略的理由。在科林．鮑威爾將軍（Colin Powell）向聯合國做的簡報中，這種發動攻擊以先發制人的呼聲最為響亮。那次簡報的目的是為了讓全世界相信，美國即將對伊拉克發動的攻擊是正當的，不是侵略。但當時伊拉克既沒有意圖、也沒有能力用大規模毀滅性武器攻擊美國。當時很多人都很清楚這點，如今看來更是顯而易見。不過，那個時候美國對伊拉克的民族怒火已經達到白熱化。入侵伊拉克及隨後的占領，導致近五千名美國士兵喪生，數萬名美國人受傷，以及數兆美元的成本。[21]伊拉克受創更嚴重，戰爭與占領（二〇〇三至二〇一一年）導致約五十萬名伊拉克人死亡，許多死者是伊拉克平民。[22]美國媒體很少提及伊拉克人的傷亡，這反映了美國人覺得伊拉克人的生命價值不如那些喪生的美國人。

如今美國軍方越來越常使用無人機做為殺人手段。從美國的角度來看，這些無人機攻擊的優勢在於不會危及美國人的生命。但從受攻擊地點的國家的角度來看，這些無人機是非法入侵其領土。這些無人機攻擊殺死了美國境外的美國人與非美國人。有些人質疑我們的政府是否有權在沒有正當程序的情況下暗殺自己的公民。[23]也有些人認為這些無人機攻擊是合法的，但堅稱無人機不能在美國領土上攻擊美國公民。很少政治人物質疑美國暗殺外國人的合法權利，或這樣做是否違反國際法。我們看不到這種政治辯論，這反映了一個事實：在美國人的眼裡，外國人的生命根本不像美國人的生命那麼有價值或值得保護。此外，很少政治人物擔心，無人機攻擊所造成的傷亡中，有很大一部分是無辜的旁觀者。[24,25]政治分析家認為，在美國宣稱的「自衛」目標中，這些無辜的旁觀者只是附帶損害。

由於美國深信自己是全球軍事強國，這種自信鼓舞了上述的民族主義觀點，使大家不太在乎外國的平民無辜受害。想像一下，一架外國無人機在美國領土的上空飄浮，偶爾發射導彈，造成美國平民的死亡。那個國家想必很快就會感受到美國強大軍力的震怒。[26]

很少人會反對「政府有更大的義務支持本國的公民，而不是外國公民」這樣的論點。這種論點不僅反映了民族的自我認同，也反映了金流。稅金來自本國公民，他們預期那些錢主要會是用在本國人身上。國家憲法常規定本國公民的權利，但不討論外國人的權利。任何國家都無法向全球公民提供一樣的服務與保護，不分國籍或居住地點。這種對本國公民的關注，是政府生存的必要條件。

另一個關於民族主義如何影響生命相對價值的觀點，可以從各國交換囚犯的方式看到。如果所有的國家都平等對待所有囚犯的生命，一般會期待平等的囚犯交換。但現實情況是，囚犯交換很少是平等的，而是同時反映囚犯的相對價值與政治局勢。以美國中士鮑·伯格達爾（Bowe Bergdahl）獲釋以交換關押在關塔那摩灣拘押中心（Guantanamo）的五名塔利班囚犯為例。[27]伯格達爾返回美國後，不久就被控擅離職守，引起許多人質疑為什麼美國政府決定做這種不對等的交易。[28]但相較於以色列政府的另一起交換，美國政府交換伯格達爾的交易就相形見絀了。以色列政府是去交換在一次越境攻擊中遭到巴勒斯坦人俘虜並囚禁五年的士兵吉拉德·沙利特（Gilad Shalit）。在支援團體及活動組織的努力下，沙利特遭到囚禁的狀況一直是以色列大眾及全球媒體關注的焦點。為了交換沙利特，以色列政府釋放了一千零二十七名囚犯，其中近三百人因策畫或進行恐怖攻擊而被判終身監禁。[29]一些人認為，囚犯交換中出現這種巨大的不對稱，是因為巴勒斯坦人的談判功力過人。另一些人認為那是以色列政府的必要政治行動。從重視生命的角度來看，我們得出一個截然不同的結論：以色列政府認為沙利特的生命價值遠高於那些囚犯的生命價值。

身為美國人，同胞這個身分在我們之間創造了一種聯繫，這種聯繫並不局限於衝突的局勢。這是一種透過法律、社交，以及一生中接收到的資訊所建立起的聯繫。學校的教導，媒體的傳播，以及背誦效忠誓詞和唱國歌之類的行為都強化了這種關聯。這些民族主義的情緒使我們更關心美國人的生命，而不是他國公民的生命。

有時，這些感覺是由恐懼驅動的。以二〇一四年的伊波拉疫情為例，疫情是在二〇一四年第一季開始爆發，到八月底已經奪走上千條人命。[30]在疫情獲得控制之前，死亡人數已逾一萬一千人，多數的死亡是發生在幾內亞、獅子山、賴比瑞亞。[31]美國治療的第一個伊波拉病例是發生在二〇一四年八月，當時肯特・布蘭特利醫生（Kent Brantly）從賴比瑞亞搭機抵美，他是在賴比瑞亞感染了伊波拉病毒。次月，美國發現第一個本土伊波拉病例，美國政府直到二〇一四年九月伊波拉病毒襲擊美國海岸這時，才加強對這種致命病毒的反應，投入大量人力與其他救援。從確認伊波拉病毒的傳播到美國政府採取重大行動，中間的拖延是可以理解的。因為在美國人普遍擔心伊波拉病毒可能在美國蔓延以前，伊波拉病毒既不是頭版新聞，也不是許多美國人的主要擔憂。[32]此外，對美國人來說，對布蘭特利醫生及其他的美國患者產生同理心，比對另一塊大陸正在上演的危機產生同理心來得容易。況且，那些國家在美國的旅遊地圖上也不顯眼。[33]

這是可以理解的。關心全球人民的健康，並不是美國政府固有的責任。儘管如此，當國內出現首例伊波拉病例後，政府與大眾對伊波拉危機的反應明顯變了，這反映出我們對生命的恐懼以及對同胞的同情，往往會影響我們的行為，而不是出於利他主義。

其他小圈子

同理心也會超越民族主義，延伸到其他的小圈子，宗教就是一個明顯的例子。古往今來，許多戰爭是宗教分歧造成的。這些戰爭可能使不同的宗教彼此對立，例如基督教、伊斯蘭教、猶太教、印度教或摩門教。宗教戰爭的例子包括十字軍東征、蘇丹與奈及利亞的內戰。其他宗教戰爭也發生在同一宗教裡的不同派別，例如天主教徒與新教徒之間的三十年戰爭（Thirty Years' War）、什葉派與遜尼派穆斯林之間的武裝衝突。

宗教戰爭是不對稱同理心的極端例子，信仰相同的生命受到極度重視，異教徒則被視為「敵人」，生命價值較低、等於零，或甚至是負的。宗教可能成為行為與道德的指引來源，卻也可能引發衝突。宗教戰爭與底下這句聖雄甘地的名言形成了鮮明的對比：「我願意為許多理念而死，但不會為任何理念殺人。」

種族是另一個可能影響同理心及他人生命評價的小圈子。普遍存在的種族主義是一個潛在的問題：我們預期他人抱持種族主義，但很少人敢承認自己是種族主義者。很少美國人敢公開表示他們覺得自己的種族最優異，或表示他們對同種族的人比較有信心或比較關心。多數美國人擔任陪審團成員時，堅稱他們會考慮案件的是非對錯，不受被告與受害者的種族所影響。但儘管我們覺得自己不會差別看待不同種族，誠如第三章所述，種族在刑事與民事案件中都是一個影響因素。黑人比白人更容易因類似的罪行而獲判較重的刑罰。以車禍造成的過失殺人罪為例，如果受害者是黑人，懲罰較輕。

個人經歷

同理心往往與個人經歷有關。如果你曾去過某個國家，或與那個地區或文化背景的人培養了正面的關係，你更有可能對那國人民產生同理心。個人經歷對同理心的影響很大，更廣泛地說，熟悉通常會促成欣賞、理解、尊重、同理心。

二〇一五年十一月，法國巴黎發生恐怖攻擊，造成一百三十人死亡[34]，美國人感到非常震驚。社群媒體、新聞媒體、政治聲明中，大家紛紛展現同理心，呼籲團結並支持巴黎人。然而，前一天發生在黎巴嫩貝魯特的重大恐怖攻擊，造成近九十人死亡，但美國媒體與大眾幾乎都沒有注意到這個事件。兩起事件的反應形成了鮮明的對比，美國大眾對巴黎恐攻事件的擔憂，顯然遠遠超越了貝魯特的恐攻事件。為什麼美國對法國人比對黎巴嫩人更有同理心？部分原因在於，較多的美國人與法國有直接或間接的接觸。法國是美國人最常造訪的五個國家之一，黎巴嫩還排不到前三十名。[35]除了那些去過法國的美國人以外，還有很多美國人有親友去過法國。除了旅行之外，約一千萬美國人有法國血統，遠比有黎巴嫩血統的美國人還多。[36]法國是一個富裕、政治穩定的國家，二戰以來從未發生過如此規模的恐怖攻擊，也沒有遭到外國的侵略。黎巴嫩則是一個所得中等的國家，過去幾十年經歷了外部戰爭與內戰。美國人對巴黎恐攻展現較多的同情心，那反映了我們擔心類似的恐攻很容易在美國發生。貝魯特恐攻案感覺比較遙遠，因此許多美國人不是那麼震驚。

以下兩起亞洲天災所引發的反應，也可以做類似的比較：二〇〇四年南亞與東南亞的海嘯，以及二〇〇八年的緬甸氣旋。二〇〇四年的海嘯造成二十幾萬人死亡，其中死亡人數最多的是印尼、斯里蘭卡、印度、泰國。國際社會的大力支援，總共籌集了一百四十億美元，以援助這些受創地區。不到四年後，緬甸的一場氣旋導致近十五萬人死亡，國際社會的反應冷淡很多，援助的承諾也遠低於海嘯後的水準。同理心與反應減弱的部分原因是，相較於那些受到海嘯影響的國家，美國人與歐洲人對緬甸文化有直接或間接體驗的人少很多。[37]

想想詹姆士·布雷迪（James Brady）、克里斯多福·李維（Christopher Reeve）、約翰·沃爾什（John Walsh）的例子。對這三人來說，他們各自的經歷決定了個人優先考量的改變，以及他們如何分配餘生的時間。布雷迪是雷根政府的白宮新聞祕書，是保守的共和黨人。他以一九九〇年代通過的最重要槍械管制法律《布雷迪法案》（Brady Bill）而聞名。他之所以支持槍支管制的立法，是因為他在雷根總統暗殺未遂的事件中遭到槍擊，導致終身殘疾。李維是以扮演超人的角色聞名，但在一九九五年發生騎馬意外而受傷，全身癱瘓。他善用個人名氣，讓大家開始關注脊髓損傷的問題，例如，他主持一九九六年在亞特蘭大舉行的帕拉林匹克運動會，並成立李維夫婦基金會（Christopher and Dana Reeve Foundation）。一九八一年，沃爾什的六歲兒子亞當遭到綁架及謀殺時，他是佛羅里達州的旅館老闆。他與妻子創立了亞當沃爾什兒童資源中心（Adam Walsh Child Resource Center），他們的努力促成了一九八二年通過的《失蹤兒童法》（Missing Children Act）、一九八四年的《失蹤兒童救助法》（Missing Children's Assistance Act）、二○○六年的《亞當沃爾什兒童保護暨安全法》（Adam Walsh Child Protection and Safety Act）。沃爾什也成了犯罪電視節目《美國頭號通緝犯》（*America's Most Wanted*）的主持人，該節目從一九八八年播放至二○一一年。

這些故事的重點是，每個故事都始於一個人，他們要不是受到瀕死經驗的影響，就是有至親罹難。如果布雷迪沒有中彈，李維沒有癱瘓，他們就不會把餘生奉獻給各自的理念。如果亞當·沃爾什沒有在希爾斯百貨公司（Sears）失蹤，他的父親也不會成為熱切關注失蹤兒童的人。

雖然個人經歷與人脈會影響同理心，但社交圈有一個已知、實際的局限性。那個數字稱為「鄧巴數字」（Dunbar's number），那是一個近似值，代表一個人在給定某個關係深度下可維繫的人際關係數量。[38]我們認識的人數可能很多，通常是介於五百到一千五百人不等。普通朋友（包括親戚）的人數，最多是在一百到兩百人之間。在這一、兩百人中，約有五十位親近的朋友。我們可能經常見到這五十人，但不會對他們吐露最私密的問題。在這五十人中，有一個支持圈，可能占五十人中的三分之一，你會向他們尋求同理與支持。最後是你最依賴的小圈圈，約五個人左右。以上的數字都不是絕對的，但它們代表了社交圈大小的趨勢。

普通朋友圈的大小約一百至兩百人，與其他某些社交圈的大小一致，包括現代狩獵採集社會裡的平均群體、軍隊裡一「連」的平均人數。Facebook、Twitter、LinkedIn 之類的社群網路讓人擴大了普通朋友圈。這可能也同時擴大我們展現同理心的圈子。與其他文化、背景、種族的人有更直接的互動時，有助於對他人的了解與欣賞。這種情況發生時，這些人在你眼中的生命相對價值就增加了。他們不再是與你無關的陌生人，而是你聽過、寫過、交談過或分享過資訊的人。遺憾的是，我們原本以為網際網路將會創造更大的全球社群意識，但這種情況並未普遍發生。網路通常複製了現實世界中大家在社交上自我隔離的現象，所以他們在網上只會聆聽類似個人想法的同溫層意見。

同理心反映在我們對危機的反應上，以及我們所展現的支持或懊悔上。我們的同理心程度往往受到自我滿足的文化觀念，以及年齡、性別、階級等偏誤的影響。相較於一個皮包骨的女人抱著嬰兒乞討，許多人比較不會同情一個二十五歲的健康男子乞討。幼童在身體上、心理上、財務上都缺乏安全照顧自己的能力，所以我們很自然會對幼童產生同理心，而不是那些我們覺得應該要自給自足的人。「女性與兒童優先」這句古老的救援口號不光只是陳腔濫調。鐵達尼號的歷史紀錄顯示，性別與年齡是預測誰登上救生艇、誰死亡的主要因素。[39]只有 20% 的男性乘客倖存下來，女性與兒童乘客的存活率分別是 74% 與 50%。社會地位也是重要的生存因素：頭等艙有 62% 的乘客活下來，標準艙有 41% 的乘客活下來，三等艙僅 25% 的乘客活下來。[40]

認知錯誤

想像一個我們不受確認偏誤或「確定效應」影響的世界，在那裡我們對所有人都有相同的同理心，不管他們的血統、國籍、宗教、民族、性別、種族。在那種情況下，我們依然會覺得某些生命的價值比其他生命更高。這源於一個事實：人類大腦不是完美的決策工具，無法客觀計算精確的機率與結果，然後根據那些資訊做出理性、資料導向的決定。相反地，大腦分析資訊時會想要走捷徑，會發生許多影響決策的認知錯誤。這些認知錯誤會導致我們做出非理性的決定，從而影響我們評估的生命價值。

很多有關認知錯誤的資料，是源自對非隨機抽樣的人口提出假設性的問題，所以這種調查結果應該謹慎考慮。儘管這些方法有局限性，我們還是假設一個人表明的偏好與他實際的偏好之間有某種對應關係。不過，許多來自非調查的資訊（例如市場交易行為）顯示，人類無法完美地計算風險。

涉及損失時，一般人通常更願意冒險，因為他們覺得確定的損失遠比平均值相同的不確定損失更糟。想像兩種情況，一種情況是肯定會有五十人死亡；另一種情況是無人死亡的機率是50%，一百人死亡的機率是50%，選第二種情況的人會比第一種多。但是，改變措辭後，結果又不一樣了。當我們把上述選擇改成能拯救的人數、而不是死亡的人數時，更多人會選擇能保證拯救五十人的方案。[41]這是一種「框架效應」（framing effect），亦即我們的偏好會隨著我們看到的是拯救的生命、還是失去的生命而改變。由於人類會受到框架效應的影響，這提醒我們要避免過度解讀偏好調查。此外，這也讓人想到顧客評價調查，因為顧客願意為某個商品支付的金額，往往與他們願意收多少錢以放棄同商品的金額不同。[42]

另一個認知錯誤的例子是比例優勢，也就是說，我們比較更看重事件的機率，而不是結果本身。一項調查詢問大家是否支持一項新的機場安全法規。一種情況只說那個法規可挽救一百五十條生命，但沒有具體說明風險。另一種情況是說那條法規可拯救面臨風險的一百五十人中的某個比例。邏輯上，我們應該都會同意，拯救一百五十人比拯救不到一百五十人更好。然而，這項調查的結論正好相反：受訪者覺得可拯救98%、95%、90%，甚至85%的一百五十條生命，比拯救全部一百五十條生命，但不知道有多少成功機率更好。[43]關於這個調查結果，一種解讀是許多人比較願意支持看起來很成功的措施（拯救95%有危險的生命），而不是拯救更多的生命、卻沒有講明成功率的措施。

範圍不敏感（scope insensitivity）也是一種認知錯誤，亦即在缺乏參照群體下，人們對大數字不敏感。如果拯救一個生命有一個特定的價值，按邏輯來講，拯救兩個生命的價值應該是兩倍，拯救十萬個生命的價值應該是十萬倍。然而，我們的心理計算往往不是這樣。關於範圍不敏感現象，一般的解釋是，人們為某個理念付費的意願是看情感而定，這會衍生一個固定的價碼，不管介入措施影響多少人都一樣。[44]同樣地，在民事法庭案件中，有時會可以看到懲罰性的賠償金額與違法行為造成的影響，不是那麼明顯相關。[45]這是因為陪審團與案件的情感連結對懲罰性賠償的影響更大。

另一種類型的認知錯誤是可得性捷思法（availability heuristic），這是一種心理捷徑，你是根據你能迅速想出多少例子，而不是根據客觀事實，來判斷一個問題多常見。[46]許多美國人覺得印象中國內暴力有上升的趨勢，這就是可得性捷思法的例子，這是媒體報導的扭曲樣本造成的。新聞媒體為了提高收視率，只報導可吸引大家關注的誇大新聞，導致許多人誤以為美國變成一個越來越暴力、危險的地方。儘管新聞把焦點放在謀殺、恐怖主義、戰爭上，但平均而言，過去幾十年美國其實變得比以前更安全了。[47]攻擊、強姦、謀殺、其他暴力犯罪的平均發生率，都遠低於數十年前。二戰造成的戰爭死亡人數並未在後來的戰爭中出現，平民生活也明顯減少了暴力。這些暴力減少的歷史趨勢很明顯，但許多人覺得這顯然違反直覺。雖然這不表示這些趨勢在未來一定會繼續下去，但是面對看似永無止境的國家與個人安全問題，這點還是令人感到些許的安慰。

電車問題

影響決策能力的一些因素（包括認知錯誤與同理心偏誤），可以在著名的電車問題中檢驗。這裡我們把這個假設性的例子描述為一輛失控的火車。[48]在這種情況下，有一列失控列車只能從一條軌道轉向另一條軌道。火車正沿著一條軌道行駛，鐵軌上有五個人，另一條軌道上只有一個人。火車不管走哪條軌道，軌道上的人都會死，這表示你必須在救一人與救五人之間二選一。火車駕駛做的選擇，將影響鐵軌上那些人的生死。除了人數以外，我們對鐵軌上的人一無所知。多數人會說，他們寧願犧牲一人，救五人。

但是，當我們賦予這些人身分資訊後，很多人會改變選擇。當我們更了解鐵軌上那些人的細節時，同理心對我們的決策過程會產生更大的影響。如果軌道一上那五人是老人，軌道二上是小孩呢？如果那五個老人的預期餘命加起來比那個小孩的預期餘命短，拯救那五個老人合理嗎？如果軌道一上的五個人是定罪的殺人犯，軌道二上的人是監獄看守員呢？

當然，熟悉度也會影響決策：如果那五人是陌生人，而那一人是朋友呢？如果那五人是陌生人，而那一人是你的孩子呢？不出所料，調查顯示，如果軌道二上的那個人是親戚或愛人，受訪者更有可能選擇救那個人。[49]

戰時，這種決定會牽涉到許多波折。如果那五人是士兵，另一人是平民，有些人會主張拯救平民。這個決定的背後邏輯是，大家覺得士兵本來就冒著生命危險從軍，但平民不是。如果做選擇的人也是士兵，和那五人也為同一國家而戰，但那個平民是敵國的公民，那該怎麼辦？這些選擇充滿挑戰性，但也有一些其他選擇很簡單。例如，如果他們都是士兵，但那五人是敵人，那一人是袍澤呢？

這道題目不是為了證明有某種根本的道德原則是人人都會認同的，顯然情況並非如此。相反地，重點是，每個問題都會挑戰你的道德信念，讓你質疑回到匿名的狀況下，什麼才是明確的選擇：當鐵軌上的所有人都匿名時，一個理性的人會選擇救五個人，而不是一個人。然而，隨著資訊的增加，決策可能會改變。你可能會選擇救一個人，因為那是你的孩子，但每個人也都是某人的孩子。

最後，當鐵軌上的那個人是你的時候，那個決定會怎麼改變？

第十章　接下來呢？

從出生的那一天起，到死亡的那一天，我們的生命都貼上了價格標籤。哲學家可能對生命該如何評價及資源的公平分配提出了巧妙的概念，但那些概念每天都與現實世界的價碼互相矛盾。現實世界的價碼是來自商業分析師對汽車安全做的成本效益計算，監管機構判斷可接受的水中污染物濃度，健保公司決定涵蓋哪些藥物，以及陪審團決定的賠償金額。如果這些現實價碼認定你的生命不值錢，你的生命就會面臨更多的風險，那些被認為更有價值的生命將獲得更好的保護。

無論價碼是如何產生、由誰產生的，它們經常影響我們的生活，而且不見得公平。它們影響我們的健康、權利、安全、財務、壽命。由於價碼中存在許多不公平，我們需要瞭解這些估價方式及其衍生的價值如何影響我們的生活，盡可能地面對不公平並減少負面影響。

這本書是以一個看似簡單的問題開始：一個人的生命價值是多少？這個問題很複雜，因為從計算人命價碼的方式可以看出我們的優先順位。價碼及計算價碼的方式反映了社會的價值觀，深受經濟、倫理、宗教、人權、法律的影響。

理想情況下，對於如何評價人命，應該有要一個多數人都認同的簡單答案，偏偏就是沒有這樣的答案。哲學家以撒·柏林（Isiah Berlin）說，人類對於追尋不存在的永恆真理，有一種「深刻的、無可救藥的形而上需要」。我們需要接受的是，這世界有許多相互矛盾的真理，以及「多元的價值觀」。[1] 評價生命的任務涉及許多相互矛盾的真理，沒有簡單的答案。讀者看到我們無法以一個關鍵重點或單一結論來歸納人命如何評價時，可能會感到失望，但是這種複雜的話題往往無法歸納出一個皆大歡喜的精練解方。

有些人從哲學的角度出發，認為人命無價。[2] 抱持這種立場的人認為，人命值多少錢的問題是沒有意義的，或無法回答的。無論這個觀點是否滿足大家的求知慾，它忽略了現實生活中，人命經常被貨幣化，因此需要以公平的方式估算。

這本書採用務實的方法，把焦點放在現實世界評價生命的方法，以及這些方法的影響與限制。人命價碼往往取決於誰做估價、估價方法、估價目的，通常也要看評估的是誰的生命。

以單一價格來評估所有的生命，直覺上是合理的，也是簡單的答案。它與許多人陳述的觀點有共鳴，也符合底下的觀點：如果真的有必要評估生命的價值，任何人都不該獲得優待。這種平等看待生命的觀念，不是回歸理想的平等主義理念，而是呼應許多人的觀點。以億萬富豪馬克．祖克柏（Mark Zuckerberg）與其妻普莉希拉．陳（Priscilla Chan）為例。他們在大女兒出生時，寫了一封公開信給她，信中提到：「我們相信所有的生命都有一樣的價值，那包括活在未來世代的更多人。」[3]這個觀點也反映在蓋茲基金會（Bill and Melinda Gates Foundation）的理念中：「我們認為所有的生命都有同樣的價值。」[4]

這些人命平等的說法雖然高尚動人，卻與現實世界及倡導者的處境不符。事實是，誠如這本書從頭到尾舉的例子所示，生命的價值通常是不同的。這種價值的不平等，導致每條生命獲得的保護不一樣。從個人層面來說，祖克伯夫婦與蓋茲夫婦為了拯救某個陌生國家中某個陌生人的生命所花的錢，肯定不會比他們拯救自己的父母、孩子或自己還多。

九一一罹難者賠償基金的賠償與民事審判的賠償相似，賠償金額從二十五萬美元到七百多萬美元不等，大多是出於經濟考慮，儘管負責人費恩伯格試圖盡量減少不平等。他對賠償金額設定了上限與下限。罹難者的家屬保證可獲得某個最低賠償額，而賠償金也設了上限，使收入數百萬美元的罹難者的家屬不會收到數千萬的賠償金，畢竟那些賠償金都是由稅金支應。費恩伯格最後的結論是，所有的生命都應該獲得同樣的重視，也就是說，我們虛構的那四個罹難者的家屬都應該獲得一樣的賠償金。這種方法比較容易管理，爭議較少，也更容易獲得大眾接納。

回想一下，民事法庭的裁決是根據許多因素，包括經濟損失。在民事審判中，那些收入最高的生命獲得的生命評價最高。另外，也回想一下，陪審團有時會做出不人道的裁決，例如受害者意外死亡讓家人更省錢時，受害者的家庭無權獲得賠償。費恩伯格為九一一罹難者賠償基金設定了生命的最小值。這個最小值是指，無論一個人的收入如何，人命本身都有內在價值，所以失去一條生命時，無論他的收入如何，都應該賠償。這種最低價值的概念似乎很合理且公平，因為它避免衍生不人道的結論（例如有些人命的喪失比失去動產還不如）。更廣義地說，當收入被拿來評價人命，種族與性別造成的收入不平等都會變成輸入資料，除非根據種族與性別來調整賠償金額，否則最後將導致女性與少數族裔的生命價值低於白人男性。

司法應該是盲目的，但刑事司法體系常賦予人命不同的價值，不是所有的殺人犯都受到同樣的懲罰。當謀殺的受害者是白人且凶手是黑人時，殺人犯更有可能被判處死刑。車禍致死罪的判決顯示，每個生命獲得的評價與保護各不相同，當死者是黑人或男性且無業時，駕駛獲判的刑期較短。特務與國家代表（例如警察）的生命價值較高，他們採取的暴力行動受到政府懲罰的機率較低。起訴與量刑的不平等需要解決，才能創造更公平的社會。

監管機構經常為人命貼上價碼，不同監管機構的人命價碼都不一樣，但在同一機構內，當前的生命都是平等定價（至少撰寫本文時是如此）。過去，環保署對老人生命的評價少於年輕人，但是在大眾的抗議下，環保署已經改用同樣的生命價值。衛生經濟學統計資料（例如經過品質調整的生命年）對年輕人生命的評價高於老人。由於監管者在分析中使用折現概念，他們對當前生命的重視更勝於未來生命，折現率越高，當前生命與未來生命的價值落差越大。有一些方法可以檢測分析結果對假設的敏感性，每次分析時都應該使用這些方法來做敏感性分析。

公司總是為不同的生命貼上不同的價碼。員工薪酬因教育、技能、經驗、產業、工會資格、種族、性別，有時也因工作風險而異。其中一些因素從員工為公司貢獻多少淨利來看是合理的。畢竟，執行長的薪酬高於裝配線工人的薪酬很合理，但是高出多少算合理呢？如今美國執行長的薪酬是一般工人的三百倍，其他富國或美國過去都沒有出現過這種比例，所以很難證明這個比例合理。其他的富國已經想出更公平的薪酬計算方式了，美國也可以做到。

公司在做其他的商業決策時，會賦予人命一套不同的價碼。他們常做成本效益分析，以判斷他們應該在改善產品安全方面投入多少資金，以避免可預防的死亡與傷害。這些計算中所使用的成本，包括公司在民事審判中可能付出的賠償金。這表示窮人的生命價值比較低，所以受到的保護比較少。

說到保護健康與生命，任何私人或公共保險的理賠都有上限。任何衛生系統都無法在毫無醫療限制下永續運作。醫療保險未涵蓋的部分，保戶需要自掏腰包。這表示富人負擔得起更好的醫療保健，也更有可能獲得健康福利。這個現象在美國最為明顯。在美國，醫療保健是一大營利產業，但全國仍有數千萬人沒有醫療保險，這與其他富國形成了鮮明的對比。在其他富國，基本醫療保健是一種受到保證的人權。[5]美國的基本醫療保健與健保之間的落差，和一九四八年美國共同起草及簽署的《世界人權宣言》不符。該宣言主張，所有人都有權獲得基本的健康與社會服務。[6]公平的概念支持「所有人都有權獲得基本醫療保健」的原則，但是對許多美國人來說，維持個人健康的價格太高，每天還需要為自己與家人提供基本生活開支，醫療保健開支必須與基本生活開支競爭。美國必須採取一些措施，為所有人降低基本醫療保健的價格。

甚至在我們出生以前，生命就已經附上了價碼。父母在計畫生兒育女及撫養孩子時，經常考慮生命的價值。許多父母不僅考慮撫養孩子的成本，也考慮孩子將來能提供的效益。性別選擇性墮胎通常是反映重男輕女的觀念。在某些文化中，這種偏好是源自一種信念，他們覺得生兒子是比較好的財務投資。殘疾選擇性墮胎發生在準父母發現胚胎有先天性疾病時，他們選擇墮胎，而不是承擔撫養異常孩子的挑戰與費用。父母根據胎兒的財務前景而做出墮胎決定時，會產生令人遺憾又深遠的影響。我們必須從倫理、科學、政治的角度，來了解基因編輯、選擇性受精、選擇性墮胎、選擇性殺嬰對人類造成的長期後果，並建立一套公正的道德與法律規範。

雖然有些人宣稱生命無價，許多人主張所有的生命價值應該相同，但現實世界的假設往往相反。這反映了另一個大家普遍抱持的想法：有些生命比其他生命更有價值。對許多人來說，更重視某些人的生命似乎很合情合理。如果要在拯救一個連環殺人犯和一個英勇的警察之間做選擇，多數人會選擇救警察。由個人層面來看，同理心促使我們覺得親近者的生命價值高於陌生人。如果你必須在拯救陌生人與自己的孩子之間做選擇，你會救自己的孩子。更廣義地說，我們通常對那些有相似的文化、宗教、種族、國籍、語言或個人經歷的人有更多的同理心。關於如何評估生命的價值，許多觀點相互矛盾，我們該怎麼做？在衡量生命價值時，雖然該做什麼與不該做什麼有諸多分歧的觀點，但現實狀況是，生命價碼天天都會用到，所以我們必須決定如何確定人命價值。

經濟學家的兩難

有許多優秀的經濟學家挑戰了「為生命貼上價碼」這個艱巨的任務。這些經濟學家認為，這是為成本效益分析算出關鍵輸入資料的必要作法。這種試圖將生命貨幣化的嘗試，與那些認為生命無價、無法估價的人背道而馳。這也必須面臨另一項挑戰：這世上沒有買賣生命的開放、自由市場。經濟學家必須做假設，雖然估算背後的數學有時很複雜，但這些估算中的關鍵假設是直截了當的，而且遺憾的是，這些假設充滿了局限，也常有缺陷。

如果分析方法是靠提出假設性的問題進行調查，缺乏現實基礎，結果總是令人懷疑。此外，這些調查的取樣人口沒有代表性，又增添了更多的問題。而且，事後又排除不在預先定義範圍內的回答，那又導致了缺陷加劇。顯然，這些方法在理論與實務上都很可議，但它們確實存在，也用來計算關鍵輸入資料，影響我們生活中的決策。這些方法與結果，跟哲學辯論不同，是可以輕易審查及調整，以得出不同、可能更公平的結果。為了減少這些調查的問題，取樣偏差應該修正，以反映更廣泛的人口；不該對回答做任何限制；應該用一個極大值來代表那些認為生命無價者的意見。

以現實世界決策為基礎的方法，似乎更能反映社會如何評價人命，但這些方法在理論與實務上也大有問題。他們調查一個人需要多拿多少錢，才願意從事有風險的工作，或者一個人為了降低死亡風險，願意在安全措施上花多少錢。這些方法是假設人們知道個人決定的影響，而且他們還有其他的選擇。統計生命價值的推斷值有偏差，是因為受試者往往缺乏選擇，缺乏談判籌碼，也不知道涉及的風險。儘管這種方法在理論與實務都有明顯的局限性，但它仍是一種能產出現實世界結果的演算法。

由於評估生命價值面臨上述種種的限制，我們的選擇很有限。這本書顯示，現實生活中一直有人為生命貼上價碼。如果我們在乎公平，就應該確保這些估計值背後的科學不會被過度誇大。而且，在做成本效益分析時，要永遠考慮到公平性。

一種選擇是在政府決策中不要依賴成本效益分析。這個建議或許聽起來很激進，但想想看，幾個世紀以來，美國政府在制定政策時，並沒有考慮納入生命的貨幣價值。在一些領域（例如國防），我們的政府仍持續忽視成本效益分析及其他把生命貨幣化的作法。為了證明軍事或安全開支的合理性，大家通常很少考慮那些開支會拯救多少生命，或需要拯救多少生命才划算。但對許多政府部門來說，他們需要保護人民的生命，同時也要確保他們不會因為過度設限而損害國民經濟。這種情況下，忽視成本效益分析就不是一種令人信服的選擇。

一種更全面的方法是，把成本效益分析納入管制規畫的若干考量中。英國NICE與泰國HITAP等國家衛生機構就是採用類似的作法。它們不僅納入經濟考慮，也納入倫理、政治、公平等考量。

我們可以在營利事業看到這種更全面考量的實例，例如默克藥廠承諾捐贈控制非洲河盲症的伊維菌素（品名Mectizan）。[7]後來其他的企業也紛紛仿效這種企業社會責任的模式。這種模式改善了數百萬人的健康，並提升了默克的員工士氣與大眾形象。[8]不過，忽視成本效益分析通常不是企業能做的選擇。他們需要做出商業決策，也需要了解其行為可能產生的財務後果。因此，在成本效益分析中加入更多的考量，有時能讓公司超越標準的損益計算，對社會與自身的財務前景發揮更廣泛的影響，例如善盡企業的社會責任。

維護正義

人命價值的估計充滿了不公正。在決定生命價值的所有情境中都會看到這點，包括民事判決、刑事判決、員工薪酬、選擇性墮胎、生育計畫。這世上一直存在著不公正，將來也會繼續存在。我們應該盡可能減少不公正的現象。為此，我們必須在發現任何不公正時提出質疑，尤其是在生命評價不公正的時候。

由於科學有局限性，我們需要不斷地質疑「經濟學家已經為生命決定了真正價值」這樣的概念，並質疑他們用來產生估值的方法。在承認做一些計算必須為生命貼上價碼的同時，我們也需要承認，算出這些價碼的方法並非無可挑剔地科學客觀，而是非常主觀的。這不是為了貶抑那些經濟學家的技能，而是在陳述事實，指出量化人命這種抽象的事物確實有局限。任何分析都需要反映評估人命價值的不確定性與局限性。

我們需要堅持，用來衡量生命價值的任何價碼，都應該高到足以保護人類的生命。我們需要堅持，消除不公平的薪資差距（例如種族與性別差距），因為它們會影響生命的估值。我們需要堅持，用收入來衡量生命價值時，必須想辦法確保最貧窮、退休、失業、志願服務者的生命獲得保護，而不是讓他們任憑政府、組織、公司的隨意擺布。

我們不該讓法院以某人的死亡「可節省金錢」為由，裁定他的死亡不值得賠償。我們不該讓一個億萬富翁的死亡，比一百個窮人的死亡更有價值。我們不該讓公司或政府為了節省幾美元，而讓人民冒不必要的生命危險。我們不該讓人命的不平等價值導致基本人權遭到剝奪。

所有的生命都很寶貴，但不是無價的。一直以來，人命都有價碼，而且價碼往往不公平。我們需要確保生命的評價是公平的，這樣才能讓人權與人命隨時獲得保障。

延伸閱讀

這本書介紹了許多議題，有興趣深入閱讀的人可以考慮以下書籍。

成本效益分析

Ackerman, Frank. *Poisoned for Pennies: The Economics of Toxics and Precaution.* Washington, DC: Island Press, 2008.

Ackerman, Frank, and Lisa Heinzerling. *Priceless: On Knowing the Price of Everything and the Value Of Nothing.* New York: New Press, 2005.

Boardman, Anthony, David Greenberg, Aidan Vining, and David Weimer. *Cost-Benefit Analysis Concepts and Practice.* London: Pearson Publishing, 2011.

Sunstein, Cass R. *The Cost-Benefit Revolution.* Cambridge, MA: MIT Press, 2018.

——. *Valuing Life: Humanizing the Regulatory State.* Chicago: University of Chicago Press, 2014.

受害者賠償

Feinberg, Kenneth R. *What Is Life Worth? The Inside Story of the 9/11 Fund and Its Effort to Compensate the Victims of September 11th.* New York: PublicAffairs, 2006.

——. *Who Gets What?* New York: PublicAffairs, 2012.

認知科學與行為經濟學

Bloom, Paul. *Against Empathy.* New York: Ecco, 2016.（中文版《失控的同理心》，商周出版）

Kahneman, Daniel. *Thinking, Fast and Slow.* New York: Farrar, Straus and Giroux, 2011.（中文版《快思慢想》，天下文化出版）

計畫生育

Connelly, Matthew. *Fatal Misconceptions.* Cambridge, MA: Belknap Press, 2008

哲學

Sandel, Michael. *Justice: What's the Right Thing to Do?* New York: Farrar, Straus and Giroux, 2008.（中文版《正義》，先覺出版）

——. *What Money Can't Buy: The Moral Limits of Markets.* New York: Farrar, Straus and Giroux, 2013.（中文版《錢買不到的東西》，先覺出版）

其他

Pinker, Steven. *Better Angels of Our Nature*. New York: Penguin Random House Books, 2012.（中文版《人性中的良善天使》，遠流出版）

謝辭

這本書從初始概念到最終成品經歷了好一段歷程。整個構思、研究、起草、編輯、編輯、再編輯的過程中，充滿了高低潮起伏……，歷經不斷地增修刪改，才最終完成。撰寫這本書的過程中，我學到了很多科學、歷史、倫理、寫作的知識，也因此獲得一些有關工作與生命的重要提醒。

非常感謝過程中每一位提供意見、指導、支持與鼓勵的人。

首先，我想感謝那些努力看完初稿的人。家父 Alan Friedman、胞兄 Jerrold Friedman、家母 Ann Friedman 都幫我讀了最粗略的初稿，並提出很棒的意見。

Phil Bastian 為我提供卓越的研究與寫作支持，他也是優秀的腦力激盪夥伴。

其他實用的意見是來自 Jeffrey Chen、Nabeel Qureshi、Paul Veldman、Chris Eshleman、Stan Bernstein、Scott Walsh、Jeff Volinski、Sarah Wilson Hou、Holly Berkley Fletcher、Peter Steinmetz、Michael Friedman、Nicholas O'Brian、Ralph Hakkert、Julio Ruiz、

Carole Biau、Gabriela Armenta、Jeremy Friedman、Laura Agosta、Kevin Fletcher、Christos Constantinidis、Jason Bloom、Danilo Moura、A Heather Coyne、Boon Pin、Sameer Sampat、Josh Krulewitz、Skye Silverstein-Vitale，以及紐約市警局的一位特別成員。

我的經紀人 James Levine 和編輯 Naomi Schneider 從草稿到最終成品，為我提供了卓越的指導。Genevieve Thurston 在精進內文及確保概念清楚表達方面提供了莫大的協助。

我非常感謝許多關鍵人物的鼓勵，包括 Andrea Hurst、Alice Martell、Angela Baggetta、Bridget Flannery-McCoy、Matthew Connelly、Sasha Abramsky、Charles Kenny、Andrew Bacevich，以及史蒂芬．平克（Steven Pinker）與賈德．戴蒙（Jared Diamond）給我的指導與支持。

在寫這本書的過程中，Arthur Goldwag 是很棒的嚮導兼良師益友。

感謝那些為這本書投入大量時間的書評家，包括 Eva Weissman、Paul Thurman、Kim Sweeney。

更感謝我的另一半 Shui Chen，她是我的好友，耐心地支持我寫書並提供意見。

最後，我想感謝 Prakash Navaratnam，多年來他一直是我的好友、科學夥伴、商業夥伴、腦力激盪夥伴。要是沒有他的討論、友誼與夥伴關係，永遠不會有這本書。

附註

第一章　要錢、還是要命？

1. 這本書主要是談我們賦予人命的價值。這個概念可以更廣泛地延伸，用來檢視人類賦予所有的有情眾生（sentient being）、所有的動物或所有生物的價值。我們可以合理預期，後人可能批評這本書只關注特定的物種。
2. Lexico.com, s.v. "price tag," accessed September 29, 2019, www.oxforddictionaries.com/us/definition/american_english/price-tag.
3. Lexico.com, s.v. "value," accessed September 29, 2019, www.oxforddictionaries.com/us/definition/american_english/value.
4. Arthur D. Little International, "Public Finance Balance of Smoking in the Czech Republic, Report to: Philip Morris CR," November 28, 2000, www.tobaccofreekids.org/assets/content/what_we_do/industry_watch/philip_morris_czech/pmczechstudy.pdf Greg Gardner, Alisa Priddle, and Brent Snavely, "GM Could Settle DOJ Criminal Investigation This Summer," *Detroit Free Press,* May 23, 2015, www.freep.com/story/money/2015/05/22/general-motors-justicedepartment-ignition-switch-deaths/27820247; Sanjoy Hazarika, "Bhopal Payments by Union Carbide Set at $470 Million," *New York Times,* February 15, 1989, www.nytimes.com/1989/02/15/business/bhopal-payments-by-union-carbide-set-at-470-million.html.
5. September 11th Victim Compensation Fund, "Frequently Asked

Questions," last updated September 6, 2019, www.vcf.gov/faq.html#gen1.

6. Katharine Q. Seelye and John Tierney, "E.P.A. Drops Age-Based Cost Studies," *New York Times,* May 8, 2003, www.nytimes.com/2003/05/08/us/epa-drops-age-based-cost-studies.html.

第二章　世貿大樓倒塌時

1. Vice President Dick Cheney, interview by Tim Russert, *Meet the Press,* March 16, 2003, www.nbcnews.com/id/3080244/ns/meet_the_press/t/transcriptsept/#.XZIFpUZKiUk. 這次訪問是二〇〇三年三月十九日美國入侵伊拉克的前三天進行的。戰爭即將付出的代價（包括人命和金錢）都沒有充分討論，往往被最小化。二〇〇三年十月二日，美國國防部長唐納德・倫斯斐（Donald Rumsfeld）在五角大樓舉行的記者會上表示：「伊拉克重建的大部分資金將來自伊拉克人。」ProCon.org, "Will the Revenue from Iraqi Oil Production Pay for Reconstruction?," last updated January 23, 2009, http://usiraq.procon.org/view.answers.php?questionID=000946.

2. Linda J. Bilmes and Joseph E. Stiglitz, *The Three Trillion Dollar War: The True Cost of the Iraq Conflict* (New York: W. W. Norton, 2008).

3. 根據從 Google Finance 擷取的道瓊工業指數收盤價，www.google.com/finance.

4. United States Department of Labor, Bureau of Labor and Statistics, "Labor Force Statistics from the Current Population Survey," accessed September 30, 2019, http://data.bls.gov/timeseries/LNS14000000.

5. Air Transportation Safety and System Stabilization Act, United States Government Publishing Office, September 22, 2001, www.gpo.gov/fdsys/pkg/PLAW-07publ42/html/PLAW-107publ42.htm.

6. September 11th Victim Compensation Fund, "Frequently Asked Questions," last updated September 6, 2019, www.vcf.gov/faq.html#gen1.
7. Kenneth R. Feinberg, *Who Gets What?* (New York: PublicAffairs, 2012), 42.
8. Fred Andrews, "Finding the Price of Fairness," *New York Times,* August 2, 2012, www.nytimes.com/2012/08/05/business/kenneth-feinbergs-new-look-at-fairnesss-price-review.html.
9. 約半數罹難者是父母（在2996名直接受害者中，估計有1459人）。Andrea Elliot, "Growing Up Grieving, with Constant Reminders of 9/11," *New York Times,* September 11, 2004, www.nytimes.com/2004/09/11/nyregion/11kids.html.
10. Kenneth R. Feinberg, *What Is Life Worth?* (New York: PublicAffairs, 2005), 202.
11. "American Flight 77 Victims at a Glance," *USA Today,* September 25, 2011. http://usatoday30.usatoday.com/news/nation/2001/09/12/victim-capsule-flight77.htm.
12. Julia Talanova, "Cantor Fitzgerald, American Airlines Settle 9/11 lawsuit for $135 Million," *CNN News,* December 17, 2013, www.cnn.com/2013/12/17/us/new-york-cantor-fitzgerald-american-settlement.
13. Feinberg, *What Is Life Worth?,* 70.
14. Feinberg, *What Is Life Worth?,* 42.
15. Feinberg, *What Is Life Worth?,* 51.
16. Gretchen Livingston, "Stay-at-Home Moms and Dads Account for About One-in-Five U.S. Parents," Pew Research Center, September 24, 2018, www.pewresearch.org/fact-tank/2018/09/24/stay-at-home-moms-and-dads-account-for-about-one-in-five-u-s-parents.

17. National Alliance for Caregiving and AARP, *Caregiving in the U.S. 2009* (Washington, DC: National Alliance for Caregiving, 2009), www.caregiving.org/pdf/research/Caregiving_in_the_US_2009_full_report.pdf
18. Computed based on Feinberg, *What Is Life Worth?,* 195.
19. U.S. Department of Education, *Status and Trends in the Education of Racial and Ethnic Groups,* July 2010, http://nces.ed.gov/pubs2010/2010015.pdf.
20. 性別薪酬差距有很多的相關文獻，簡單的概述可參見：Natalia Kolesnikova and Yang Liu, "Gender Wage Gap May Be Much Smaller Than Most Think," *Regional Economist* 19, no. 4 (October 2011): 14–15, www.stlouisfed.org/ ～ /media/Files/PDFs/publications/pub_assets/pdf/re/2011/d/gender_wage_gap
21. September 11th Victim Compensation Fund, "Frequently Asked Questions."
22. Computed based on Feinberg, *What Is Life Worth?,* 195, 202.
23. Feinberg, *What Is Life Worth?,* 202.
24. Kenneth Feinberg, "What Have We Learned about Compensating Victims of Terrorism?" *Rand Review* 28, no. 2 (Summer 2004): 33–34, www.rand.org/pubs/periodicals/rand-review/issues/summer2004/33.html.
25. Feinberg, *What Is Life Worth?,* 185.
26. Patrick Mackin, Richard Parodi, and David Purcell, "Chapter 12: Review of Survivor Benefits," in *Eleventh Quadrennial Review of Military Compensation,* June 2012, https://militarypay.defense.gov/Portals/3/Documents/Reports/11th_QRMC_Supporting_Research_Papers_(932pp)_Linked.pdf

27. 許多研究人員在估計統計生命價值這個領域中有不少貢獻，包括 Kip Viscusi 與 James Hammitt。這領域的出版物包括 Thomas J. Kniesner, W. Kip Viscusi, Christopher Woock, and James P. Ziliak, "The Value of a Statistical Life: Evidence from Panel Data," *Review of Economics and Statistics* 94, no. 1 (2012): 74–87; Joseph E. Aldy and W. Kip Viscusi, "Adjusting the Value of a Statistical Life for Age and Cohort Effects," *Review of Economics and Statistics* 90 (2008): 573–81; James Hammitt, "Extrapolating the Value per Statistical Life between Populations: Theoretical Implications," *Journal of Benefit-Cost Analysis* 8, no. 2 (2017): 215–25; and James Hammitt and Lisa Robinson, "The Income Elasticity of the Value per Statistical Life: Transferring Estimates between High and Low Income Populations," *Journal of Benefit-Cost Analysis* 2, no. 1 (2011): 1–29.
28. Bert Metz, Ogunlade Davidson, Rob Swart, and Jiahua Pan, eds., *Climate Change 2001: Mitigation; Contribution of Working Group III to the Third Assessment Report of the Intergovernmental Panel on Climate Change* (Cambridge: Cambridge University Press, 2001), section 7.4.4.2.
29. World Bank Database, "GDP per Capita (Current US$)," accessed September 30, 2019, http://data.worldbank.org/indicator/NY.GDP.PCAP.CD.
30. Karin Stenberg, Henrik Axelson, Peter Sheehan, Ian Anderson, A. Metin Gülmezoglu, Marleen Temmerman, Elizabeth Mason, et al., "Advancing Social and Economic Development by Investing in Women's and Children's Health: A New Global Investment Framework," *The Lancet* 383, no. 9925 (2014): 1333–54; Peter Sheehan, Kim Sweeny, Bruce Rasmussen, Annababette Wils, Howard S. Friedman, Jacqueline Mahon, George C. Patton, et al., "Building

the Foundations for Sustainable Development: A Case for Global Investment in the Capabilities of Adolescents," *The Lancet* 390, no. 10104 (2017): 1792–806. 在這些論文中，非經濟價值稱為「社會效益」，以便與「經濟效益」有所區別。

31. Katharine Q. Seelye and John Tierney, "E.P.A. Drops Age-Based Cost Studies," *New York Times,* May 8, 2003, www.nytimes.com/2003/05/08/us/epa-drops-age-based-cost-studies.html.
32. W. Kip Viscusi, *Pricing Lives* (Princeton, NJ: Princeton University Press, 2018), 20.
33. Binyamin Appelbaum, "As US Agencies Put More Value on a Life, Businesses Fret," *New York Times,* February 16, 2011, www.nytimes.com/2011/02/17/business/economy/17regulation.html; Viscusi, *Pricing Lives,* 35–36. Values used for other U.S. agencies in the past few years are summarized in Viscusi, *Pricing Lives.*
34. 未來收益的現值將在第五章進一步討論，該章會看到美國國家公路交通安全管理局在一九七〇年代建議，對汽車安全法規做成本效益分析時，使用未來收益做為生命價值的估值。
35. Viscusi, *Pricing Lives.* 33.
36. Discussed in detail in Cass Sunstein, *Valuing Life: Humanizing the Regulatory State* (Chicago: University of Chicago Press, 2014).
37. Daniel Kahneman and Amos Tversky, "Choices, Values, and Frames," *American Psychologist* 39, no. 4 (April 1984): 342–47.
38. J. K. Horowitz and K. E. McConnell, "A Review of WTA/WTP Studies," *Journal of Environmental Economics and Management* 44 (2002): 426–47.
39. Janusz Mrozek and Laura Taylor, "What Determines the Value of Life? A Meta-Analysis," *Journal of Policy Analysis and Management*

21, no. 2 (Spring 2002): 253–70.

40. Frank Ackerman and Lisa Heinzerling, *Priceless: On Knowing The Price Of Everything and the Value Of Nothing* (New York: New Press, 2005), 61–90.

41. John D. Leeth and John Ruser, "Compensating Wage Differentials for Fatal and Non-Fatal Risk by Gender and Race," *Journal of Risk and Uncertainty* 27, no. 3 (December 2003): 257–77.

42. Viscusi, *Pricing Lives.* 28–29; W. K. Viscusi and C. Masterman, "Anchoring Biases in International Estimates of the Value of a Statistical Life," *Journal of Risk and Uncertainty* 54, no. 2 (2017): 103–28.

43. Viscusi, *Pricing Lives.* 39–40; Viscusi and Masterman, "Anchoring Biases."

44. U.S. Department of Homeland Security, "About DHS," last updated July 5, 2019, www.dhs.gov/about-dhs.

45. 雖然這句話的解讀取決於參考的東西，但它通常是指，你在計算中使用不正確或不可靠的輸入資料時，根據定義，輸出也是不正確或不可靠的。

46. Amanda Ripley, "WTC Victims: What's A Life Worth?," *Time,* February 6 2002, http://content.time.com/time/nation/article/0,8599,198866–3,00.html.

47. Federal Bureau of Investigation, "Crime in the United States 2001," accessed September 30, 2019, https://ucr.fbi.gov/crime-in-the-u.s/2001.

48. James Oliphant, "Why Boston Bombing Victims Get Millions When Wounded Soldiers Only Get Thousands," *National Journal,* August 3, 2013, http://qz.com/111285/why-boston-bombing-victims-getmillions-when-wounded-soldiers-only-get-thousands.

第三章 正義不盲目

1. Massimo Calabresi, "Why a Medical Examiner Called Eric Garner's Death a 'Homicide,' " *Time,* December 4, 2014, http://time.com/3618279/eric-garner-chokehold-crime-staten-island-daniel-pantaleo.

2. Rene Stutzman, "Trayvon Martin's Parents Settle Wrongful-Death Claim," *Orlando Sentinel,* April 5, 2013, http://articles.orlandosentinel.com/2013-04-05/news/os-trayvon-martin-settlement-20130405_1_trayvon-martin-benjamin-crump-george-zimmerman.

3. Deborah R. Hensler, "Money Talks: Searching for Justice through Compensation for Personal Injury and Death," *DePaul Law Review* 53, no. 2 (2013): 417–56, http://via.library.depaul.edu/law-review/vol53/iss2/9.

4. Andrew Jay McClurg, "Dead Sorrow: A Story about Loss and a New Theory of Wrongful Death Damages," *Boston University Law Review* 85 (2005): 1–51.

5. 在一些承認過失或故意造成精神損害等侵權行為的州裡，在損害範圍內目睹導致死亡行為的人（通常是親近的家人）有理由要求補償。

6. Nolo Law for All, "Damages in a Wrongful Death Lawsuit," accessed September 30, 2019, www.nolo.com/legal-encyclopedia/wrongful-death-claims-overview-30141-2.html.

7. Hensler, "Money Talks," 417–56. 注意，包括多數政府機構在內的一些單位並不受懲罰性賠償的影響 (U.S. Equal Employment Opportunity Commission, "Enforcement Guidance: Compensatory and Punitive Damages Available under § 102 of the Civil Rights Act

of 1991," July 14, 1992, www.eeoc.gov/policy/docs/damages.html). 懲罰性賠償沒有出現在九一一罹難者賠償基金中。

8. Exxon Shipping Co. et al. v. Baker et al., 554 U.S. 471 (2008), www.law.cornell.edu/supct/html/07-219.ZS.html; BMW of North America, Inc., v. Gore, 517 U.S. 559 (1996), www.law.cornell.edu/supct/html/94-896.ZO.html.
9. Adam Davidson, "Working Stiffs," *Harper's Magazine* 303, no. 1815 (August 2001): 48–54, https://adamdavidson.com/harpers-magazine-working-stiffs.
10. Baker v. Bolton. 1 Campbell 493, 170 Eng. Rep. 1033, 1033 (K.B. 1808).
11. Peter Handford, "Lord Campbell and the Fatal Accidents Act," *Law Quarterly Review* 420 (2013): http://ssrn.com/abstract=2333018.
12. Stuart M. Speiser and Stuart S. Malawer, "American Tragedy: Damages for Mental Anguish of Bereaved Relatives in Wrongful Death Actions," *Tulane Law Review* 51, no. 1 (1976): 1–32.
13. 同前。
14. Leonard Decof, "Damages in Actions for Wrongful Death of Children," *Notre Dame Law Review* 47, no. 2 (1971): 197–229.
15. 同前。
16. Michael L. Brookshire and Frank L. Slesnick, "Self-Consumption in Wrongful Death Cases: Decedent or Family Income?," *Journal of Forensic Economics* 21, no. 1 (December 2009): 35–53.
17. David Paul Horowitz, "The Value of Life," *New York State Bar Association Journal* 85, no. 9 (2013): 14–16.
18. Thurston v. The State of New York, New York State Court of Claims, claim number 117361 (2013), http://vertumnus.courts.state.ny.us/

claims/wp-html/2013-031-019.htm

19. Meredith A. Wegener, "Purposeful Uniformity: Wrongful Death Damages for Unmarried, Childless Adults," *South Texas Law Review* 51, no. 339 (2009): 339–67.
20. Michael L. Brookshire and Frank L. Slesnick, "Self-Consumption in Wrongful Death Cases: Decedent or Family Income?," *Journal of Forensic Economics* 21, no. 1 (December 2009): 35–53.
21. Davidson, "Working Stiffs," 48–54.
22. C. J. Sullivan, "$3.25M Settlement in Sean Bell Shooting an Eerie Birthday Gift," *New York Post,* July 28, 2010, http://nypost.com/2010/07/28/3-25m-settlement-in-sean-bell-shooting-an-eerie-birthday-gift.
23. 涉案的五名警察中，有三名被大陪審團起訴。但警察是接受法官審判，而不是陪審團審判。法官亞瑟・庫柏曼（Arthur J. Cooperman）在所有的指控上都宣判警察無罪。
24. Frank Donnelly, "Misdemeanor Cases over Alleged Untaxed Cigarettes Preceded Fatal Police Incident with Eric Garner," *Staten Island Live,* July 18, 2014, www.silive.com/northshore/index.ssf/2014/07/eric_garner_who_died_in_police.html
25. Faith Karimi, Kim Berryman, and Dana Ford, "Who Was Freddie Gray, Whose Death Has Reignited Protests Against Police?," *CNN,* May 2, 2015, www.cnn.com/2015/05/01/us/freddie-gray-who-is-he.
26. John Bacon, "Freddie Gray Settlement 'Obscene,' Police Union Chief Says," *USA TODAY,* September 9, 2015, www.usatoday.com/story/news/nation/2015/09/09/baltimore-panelapproves-freddie-gray-settlement/71928226.
27. B. Drummond Ayres, Jr., "Jury Decides Simpson Must Pay $25

Million in Punitive Award," *New York Times,* February 11, 1997, www.nytimes.com/1997/02/11/us/jury-decides-simpson-must-pay-25-million-in-punitive-award.html.

28. The Innocence Project, "Compensating The Wrongly Convicted," December 11, 2018, www.innocenceproject.org/compensating-wrongly-convicted; Editorial Board, "Paying for Years Lost Behind Bars," *New York Times,* May 18, 2016, www.nytimes.com/2016/05/18/opinion/paying-for-years-lost-behind-bars.html.
29. The Innocence Project, "Compensation Statutes: A National Overview," 2017, www.innocenceproject.org/wp-content/uploads/2017/09/Adeles_Compensation-Chart_Version-2017.pdf.
30. A. G. Sulzberger and Tim Stelloh, "Bell Case Underlines Limits of Wrongful-Death Payouts," *New York Times,* July 28, 2010, www.nytimes.com/2010/07/29/nyregion/29bell.html.
31. Eliot McLaughin, "He Spent 39 Years in Prison for a Double Murder He Didn't Commit. Now, He's Getting $21 Million," *CNN,* February 25, 2019, www.cnn.com/2019/02/24/us/craig-coley-simi-valley-21-million-wrongful-conviction/index.html.
32. Jonathan M. Katz, "2 Men Awarded $750,000 for Wrongful Convictions in 1983 Murder," *New York Times,* September 2, 2015, www.nytimes.com/2015/09/03/us/2-men-awarded-750000-for-wrongful-convictions-in-1983-murder.html.
33. Kenneth R. Feinberg, *What Is Life Worth?* (New York: Public Affairs, 2005), 202
34. United States Courts, "Criminal Cases," United States Courts, www.uscourts.gov/about-federal-courts/types-cases/criminal-cases.
35. World Bank, "Intentional Homicides (per 100,000 People)," accessed

September 30, 2019, http://data.worldbank.org/indicator/VC.IHR.PSRC.P5.

36. Federal Bureau of Investigation, "Crime in the United States 2011: Expanded Homicide Data Table 8," accessed September 30, 2019, www.fbi.gov/about-us/cjis/ucr/crime-in-the-u.s/2011/crime-in-the-u.s.-2011/tables/expanded-homicide-data-table-8.

37. Centers for Disease Control and Prevention, "QuickStats: Suicide and Homicide Rates,* by Age Group—United States, 2009," July 20, 2012, accessed September 30, 2019, www.cdc.gov/mmwr/preview/mmwrhtml/mm6128a8.htm; Federal Bureau of Investigation, "Expanded Homicide Data Table 1: Murder Victims by Race and Sex, 2010," accessed September 30, 2019, www.fbi.gov/about-us/cjis/ucr/crime-in-the-u.s/2010/crime-in-the-u.s.-2010/tables/10shrtbl01.xls.

38. Jillian Boyce and Adam Cotter, "Homicide in Canada, 2012,"Canadian Centre for Justice Statistics, December 19, 2013, www.statcan.gc.ca/pub/85-002-x/2013001/article/11882-eng.htm; OECD, "Better Life Index," accessed September 30, 2019, www.oecdbetterlifeindex.org/topics/safety.

39. Nate Silver, "Black Americans Are Killed at 12 Times the Rate of People in Other Developed Countries," *FiveThirtyEight,* June 18, 2015, http://fivethirtyeight.com/datalab/black-americans-are-killed-at-12-times-the-rate-of-people-in-other-developed-countries.

40. Computed from Federal Bureau of Investigation, "Expanded Homicide Data Table 1."

41. Federal Bureau of Investigation, "Expanded Homicide Data Table 10: Murder Circumstances by Relationship, 2010," accessed September 30, 2019, www.fbi.gov/about-us/cjis/ucr/crime-in-the-u.s/2010/crime-in-the-u.s.-2010/tables/10shrtbl10.xls.

42. B. Page, "Bible Says It's Okay to Beat Your Slave, As Long As They Don't Die? Exodus 21:20–21?," Revelation.co, June 9, 2013, www.revelation.co/2013/06/09/bible-says-its-okay-to-beat-your-slave-as-long-as-they-dont-die-exodus-2120-21.

43. Murder, 18 U.S. Code § 1111, www.law.cornell.edu/uscode/text/18/1111.

44. Cornell Law School, "Manslaughter," Legal Information Institute, accessed October 21, 2019, www.law.cornell.edu/wex/manslaughter.

45. Murder or Manslaughter of Foreign Officials, Official Guests, or Internationally Protected Persons, 18 U.S. Code § 1116, www.law.cornell.edu/uscode/text/18/1116.

46. John Blume, Theodore Eisenberg, and Martin T. Wells. "Explaining Death Row's Population and Racial Composition," *Journal of Empirical Legal Studies* 1, no. 1 (2004): 165–207; Death Penalty Information Center, "States with and without the Death Penalty," accessed October 21, 2019, https://deathpenaltyinfo.org/state-and-federal-info/state-by-state.

47. J. L. Lauritsen, R. J. Sampson, and J. H. Laub, "The Link between Offending and Victimization among Adolescents," *Criminology* 29, no. (1991): 265–92.

48. T. Bynum, G. Cordner, and J. Greene, "Victim and Offense Characteristics: Impact on Police Investigative Decision-Making," *Criminology* 20, no. 3 (1982): 301–18.

49. Shila R. Hawk and Dean A. Dabney, "Are All Cases Treated Equal? Using Goffman's Frame Analysis to Understand How Homicide Detectives Orient to Their Work," *British Journal of Criminology* 54 (2014): 1129–47.

50. 同前。

51. Jason Rydberg and Jesenia M. Pizarro, "Victim Lifestyle as a Correlate of Homicide Clearance," *Homicide Studies* 18, no. 4 (2014): 342–62.

52. Jan Ransom and Ashley Southall, " 'Race-Biased Dragnet': DNA from 360 Black Men Was Collected to Solve Vetrano Murder, Defense Lawyers Say," *New York Times,* March 31, 2019, www.nytimes.com/2019/03/31/nyregion/karina-vetrano-trial.html.

53. 這段關於維翠諾的內容，大多是根據我與紐約市警局的一位成員祕密討論後編寫而成。

54. Edward L. Glaeser and Bruce Sacerdote, "Sentencing in Homicide Cases and the Role of Vengeance," *Journal of Legal Studies* 32 (2003): 363–82.

55. Death Penalty Information Center, "Abolitionist and Retentionist Countries," last updated December 31, 2017, www.deathpenaltyinfo.org/abolitionist-and-retentionist-countries.

56. *Death Sentences and Executions 2017* (London: Amnesty International, 2018), www.amnesty.org/download/Documents/ACT5079552018ENGLISH.PDF.

57. Peter A. Collins, Robert C. Boruchowitz, Matthew J. Hickman, and Mark A. Larranaga, *An Analysis of the Economic Costs of Seeking the Death Penalty in Washington* (Seattle: Seattle University School of Law 2015), http://digitalcommons.law.seattleu.edu/faculty/616; Paul V. Townsend, *Performance Audit: Fiscal Costs of the Death Penalty, 2014* (Carson City, NV: State of Nevada, 2014), www.leg.state.nv.us/audit/Full/BE2014/Costs%20of%20Death%20Penalty,%20LA14-25,%20Full.pdf; Arthur L. Alarcón and Paula M. Mitchell, "Costs of Capital Punishment in California: Will Voters Choose Reform this November?," special issue, *Loyola Law Review* 46, no. 0 (2012).

58. Death Penalty Information Center, "Death Penalty for Offenses Other Than Murder," accessed October 21, 2019, https://deathpenaltyinfo.org/facts-and-research/crimes-punishable-by-death/death-penalty-for-offenses-other-than-murder.

59. Karen F. Parker, Mari A. DeWees, and Michael L. Radelet, "Race, the Death Penalty, and Wrongful Convictions," *Criminal Justice* 18, no. 49 (2003): 48–54; Hugo Adam Bedau, "Racism, Wrongful Convictions, and the Death Penalty," *Tennessee Law Review* 76, no. 615 (2009): 615–24; Samuel Sommers and Phoebe Ellsworth, "White Juror Bias: An Investigation of Prejudice Against Black Defendants in the American Courtroom," *Psychology, Public Policy and Law* 7, no. 1 (2001): 201–29, www.ase.tufts.edu/psychology/sommerslab/documents/raceRealSommersEllsworth2001.pdf

60. John Blume, Theodore Eisenberg, and Martin T. Wells, "Explaining Death Row's Population and Racial Composition," *Journal of Empirical Legal Studies* 1, no. 1 (2004): 165–207, http://scholarship.law.cornell.edu/cgi/viewcontent.cgi?article=1240&context=facpub.

61. Scott Phillips, "Racial Disparities in the Capital of Capital Punishment," *Houston Law Review* 45 (208): 807–40.

62. Death Penalty Information Center, "Number of Executions by State and Region since 1976," accessed October 21, 2019, www.deathpenaltyinfo.org/number-executions-state-and-region-1976.

63. Death Penalty Information Center, "Executions by Country," accessed October 21, 2019, www.deathpenaltyinfo.org/executions-county#overall.

64. Phillips, "Racial Disparities."

65. Marian R. Williams and Jefferson E. Holcomb, "The Interactive

Effects of Victim Race and Gender on Death Sentence Disparity Findings," *Homicide Studies* 8, no. 4 (2004): 350–76.

66. Lane Kirkland Gillespie, Thomas A. Loughran, Dwayne M. Smith, Sondra J. Fogel, and Beth Bjerregaard, "Exploring the Role of Victim Sex, Victim Conduct, and Victim-Defendant Relationship in Capital Punishment Sentencing," *Homicide Studies* 18, no. 2 (2014): 175–95, http://dx.doi.org/10.1177/1088767913485747.

67. Samuel R. Gross, Maurice Possley, and Klara Stephens, *Race and Wrongful Convictions in the United States* (Irvine, CA: National Registry of Exonerations, March 7, 2017), www.law.umich.edu/special/exoneration/Documents/Race_and_Wrongful_Convictions.pdf

68. Cal. Pen. Code § 187–199, https://leginfo.legislature.ca.gov/faces/codes_displayText.xhtml?lawCode=PEN&division=&title=8.&part=1.&chapter=1.&article; Veronica Rose, "Killing a Police Officer," OLR Research Report, May 23, 2000, www.cga.ct.gov/2000/rpt/2000-R-0564.htm.

69. *Washington Post,* "Fatal Force," accessed September 30, 2019, www.washingtonpost.com/graphics/2018/national/police-shootings-2018. 據《華盛頓郵報》的報導，每年警察值勤殺死的人數（二〇一八年有九百九十二人遭警察開槍打死）是聯邦調查局報告的平均值（約四百人）的兩倍多。參見 Federal Bureau of Investigation, "Expanded Homicide Data Table 14: Justifiable Homicide by Weapon, Law Enforcement, 2008–2012," accessed September 30, 2019, www.fbi.gov/about-us/cjis/ucr/crime-in-the-u.s/2012/crime-in-the-u.s.-2012/offenses-known-to-law-enforcement/expanded-homicide/expanded_homicide_data_table_14_justifiable_homicide_by_weapon_law_enforcement_2012.xls.

70. Human Rights Watch, "Local Criminal Prosecution," accessed September 30, 2019, www.hrw.org/legacy/reports98/police/uspo31.htm.

71. Mapping Police Violence, "Unarmed Victims," accessed September 30, 2019, http://mappingpoliceviolence.org/unarmed.

72. Human Rights Watch, "Local Criminal Prosecution," accessed September 30, 2019, www.hrw.org/legacy/reports98/police/uspo31.htm.

73. Calabresi, "Why a Medical Examiner Called Eric Garner's Death a 'Homicide.' "

74. United States Census Bureau, "Income, Poverty and Health Insurance Coverage in the United States: 2014," release number CB15–157, September 16, 2015, www.census.gov/newsroom/press-releases/2015/cb15-157.html; Rakesh Kochhar and Richard Fry, "Wealth Inequality Has Widened along Racial, Ethnic Lines since End of Great Recession," Pew Research Center, December 12, 2014, www.pewresearch.org/fact-tank/2014/12/12/racial-wealth-gaps-great-recession.

第四章　你的水裡多了一點砷

1. 本章討論的重點是聯邦法規。州與地方法規通常不必做成本效益分析。聯邦機構的完整清單可在聯邦公報（Federal Register）的網站上找到：www.federalregister.gov/agencies.

2. Paperwork Reduction Act, Public Law 96–511, 96th Congress (1980) www.congress.gov/bill/96th-congress/house-bill/6410; Exec. Order No. 13563, 76 Fed. Reg. 3821 (January 18, 2011) www.gpo.gov/fdsys/pkg/FR-2011-01-21/pdf/2011-1385.pdf.

3. Exec. Order No. 12291, 46 Fed. Reg. 13193 (February 17, 1981) www.archives.gov/federal-register/codification/executive-order/12291.html; Exec. Order No. 12866, 58 Fed. Reg. 190 (September 30, 1993) www.reginfo.gov/public/jsp/Utilities/EO_12866.pdf; Exec. Order No. 13563.
4. Flood Control Act of 1939, Public Law 76–396, 76th Congress (1939) www.legisworks.org/congress/76/publaw-396.pdf.
5. For an overview, see Anthony Boardman, David Greenberg, Aidan Vining, and David Weimer, *Cost-Benefit Analysis Concepts and Practice,* 4th ed., Pearson Series in Economics (Upper Saddle River, NJ: Prentice Hall, 2010).
6. Winston Harrington, Richard Morgenstern, and Peter Nelson, "How Accurate Are Regulatory Cost Estimates?" *Resources for the Future,* March 5, 2010, https://grist.files.wordpress.com/2010/10/harringtonmorgensternnelson_regulatory_estimates.pdf.Winston Harrington, "Grading Estimates of the Benefits and Costs of Federal Regulation: A Review of Reviews" (discussion paper 06-39, Resources for the Future, Washington, DC, 2006), https://ideas.repec.org/p/rff/dpaper/dp-06-39.html; Winston Harrington, Richard D. Morgenstern, and Peter Nelson, "On the Accuracy of Regulatory Cost Estimates," *Journal of Policy Analysis and Management* 19, no. 2 (2000): 297–322, https://onlinelibrary.wiley.com/doi/abs/10.1002/%28SICI%291520-6688%28200021%2919%3A2%3C297%3A%3AAID-PAM7%3E3.0.CO%3B2-X.
7. Noel Brinkerhoff, "Many of Largest U.S. Corporations Paid More for Lobbying Than for Federal Income Taxes," Allgov.com, January 27, 2012, www.allgov.com/Top_Stories/ViewNews/Many_of_Largest_US_Corporations_Paid_More_for_Lobby_than_for_Federal_Income_

Taxes_120127.

8. Alex Blumberg, "Forget Stocks or Bonds, Invest in a Lobbyist," National Public Radio, January 6, 2012, www.npr.org/sections/money/2012/01/06/144737864/forget-stocks-orbonds-invest-in-a-lobbyist.
9. Cass Sunstein, *Valuing Life* (Chicago: University of Chicago Press, 2014), 74.
10. Lisa Heinzerling, "The Rights of Statistical People," *Harvard Environmental Law Review* 189, no. 24 (2000): 203–6, http://scholarship.law.georgetown.edu/cgi/viewcontent.cgi?article=1322&context=facpub.
11. "Economic Analysis of Federal Regulations under Executive Order 12866," (Report of Interagency Group Chaired by a Member of the Council of Economic Advisors, January 11, 1996), part III.B.5(a), https://georgewbush-whitehouse.archives.gov/omb/inforeg/riaguide.html.
12. W. Kip Viscusi, *Pricing Lives* (Princeton: Princeton University Press, 2018), 35–36.
13. Frank Ackerman and Lisa Heinzerling, "If It Exists, It's Getting Bigger: Revising the Value of a Statistical Life," (Global Development and Environment Institute Working Paper No. 01-06, Tufts University, Medford, MA, October 2001), http://frankackerman.com/publications/costbenefit/Value_Statistical_Life.pdf.
14. Sunstein, *Valuing Life,* 52.
15. Katharine Q. Seelye and John Tierney, "E.P.A. Drops Age-Based Cost Studies," *New York Times,* May 8, 2003, www.nytimes.com/2003/05/08/us/epa-drops-age-based-cost-studies.html; Frank

Ackerman and Lisa Heinzerling, *Priceless: On Knowing the Price of Everything and the Value of Nothing* (New York: New Press, 2005), 61–90; Bert Metz, Ogunlade Davidson, Rob Swart, and Jiahua Pan, *Climate Change 2001: Mitigation* (Cambridge: Cambridge University Press, 2001), section 7.4.4.2.

16. Clean Air Task Force, "The Toll from Coal: An Updated Assessment of Death and Disease from America's Dirtiest Energy Source," September 2010, www.catf.us/resources/publications/files/The_Toll_from_Coal.pdf; Abt Associates, "Technical Support Document for the Powerplant Impact Estimator Software Tool," July 2010, www.catf.us/resources/publications/files/Abt-Technical_Support_Document_for_the_Powerplant_Impact_Estimator_Software_Tool.pdf
17. Cass R. Sunstein, *The Cost-Benefit Revolution* (Cambridge, MA: MIT Press, 2018), 74, 80, 142, 170.
18. 要探討這點，可以把調查結果按年齡分層，看價值是否隨年齡層而變，但這種方法會與許多其他的因素交織在一起，包括支付能力。
19. 關於折現與複利的更多細節，我建議閱讀：Boardman et al., *Cost-Benefit Analysis Concepts and Practices.*
20. Boardman et al., *Cost-Benefit Analysis Concepts and Practices,* 247.
21. 關於使用什麼折現率才合適，有大量的討論。已經用過的折現率包括私營部門投資的邊際報酬率、時間偏好的邊際社會率、政府的實際長期借款利率。
22. 假設的生命價值成長率設定為折現率時，即使套用的折現率不是零，淨折現率也等於零。
23. 一些研究試圖顯示，人們將折現率套用在未來生命上（參見，例如 Maureen L. Cropper, Sema K. Aydede, and Paul R. Portney, "Rates

of Time Preference for Saving Lives," *American Economic Review* 82, no. 2 [May 1992]: 469–72）。這些研究與這種性質的所有調查一樣，都有同樣的樣本偏差問題，而且看到的折現率取決於對未來的預測有多遠。

24. A summary of the concerns is identified in the section on intergenerational accounting in "Economic Analysis of Federal Regulations under Executive Order 12866," part III.B.5(a).
25. T. Tan-Torres Edejer, R. Baltussen, T. Adam, R. Hutubessy, A. Acharya, D. B. Evans, and C. J. L. Murray, eds., "WHO Guide to Cost-Effectiveness Analysis," (Geneva: World Health Organization, 2003), 70, www.who.int/choice/publications/p_2003_generalised_cea.pdf.
26. Stephanie Riegg Cellini and James Edwin Kee, "Cost-Effectiveness and Cost-Benefit Analysis," in *Handbook of Practical Program Evaluation,* 3rd ed., ed. Joseph S. Wholey, Harry P. Hatry, and Kathryn E. Newcomer (San Francisco: Jossey-Bass, 2010), 493–530.
27. Clean Air Task Force, "Toll from Coal."
28. Adam Liptak and Coral Davenport, "Supreme Court Blocks Obama's Limits on Power Plants," *New York Times,* June 29, 2015, www.nytimes.com/2015/06/30/us/supreme-court-blocks-obamas-limits-on-power-plants.html.
29. Michigan et al. v. Environmental Protection Agency et al., 135 S. Ct. 2699 (2015), www.supremecourt.gov/opinions/14pdf/14-46_bqmc.pdf.
30. 關於監管俘虜這個主題的更多討論，請見 Ernesto Dal Bó, "Regulatory Capture: A Review," *Oxford Review of Economic Policy* 22 no. 2 (2006): 203–25, http://faculty.haas.berkeley.edu/dalbo/

Regulatory_Capture_Published.pdf.

31. Laurie Garrett, "EPA Misled Public on 9/11 Pollution / White House Ordered False Assurances on Air Quality, Report Says," *Newsday,* August 23, 2003, www.sfgate.com/news/article/EPA-misledpublic-on-9-11-pollution-White-House-2560252.php.
32. Jennifer Lee, "White House Sway Is Seen in E.P.A. Response to 9/11," *New York Times,* August 9, 2003, www.nytimes.com/2003/08/09/nyregion/white-house-sway-is-seen-in-epa-response-to-9-11.html
33. 大眾可以根據《行政程序法》（Administrative Procedures Act）提出意見，公法 79-404，第七十九屆國會（一九四六年）。
34. Exec. Order No. 13563.
35. Dwight D. Eisenhower, "Military-Industrial Complex Speech," 1961, https://avalon.law.yale.edu/20th_century/eisenhower001.asp.

第五章 犧牲誰來追求獲利

1. E. S. Grush and C. S. Saunby, "Fatalities Associated with Crash Induced Fuel Leakage and Fires," 1973, http://lawprofessors.typepad.com/tortsprof/files/FordMemo.pdf. 這份檔也稱為福特平托備忘錄（Ford Pinto Memo）。
2. Gary T. Schwartz, "The Myth of the Ford Pinto Case," *Rutgers Law Review* 43, no. 1013 (1991): 1013–68, www.pointoflaw.com/articles/The_Myth_of_the_Ford_Pinto_Case.pdf
3. 作者有擔任統計學家支援模擬審判的親身經歷。
4. William H. Shaw and Vincent Barry, *Moral Issues in Business,* 8th ed. (Belmont, CA: Wadsworth Publishing, 2001), 83–86.
5. Mark Dowie, "Pinto Madness," *Mother Jones,* September/October 1977, www.motherjones.com/politics/1977/09/pinto-madness.

6. Grimshaw v. Ford Motor Co., 119 Cal. 3d 757 (1981), http://online.ceb.com/calcases/CA3/119CA3d757.htm. 值得注意的是，根據過去三十年的生活費調整這起指標案件所裁決的兩百五十萬美元補償性損害賠償金，如此衍生的價碼與監管機構今天使用的價值相似。這個計算是以一九七八年的賠償金（一九八一年再次確認）為基礎，使用社會安全局的生活費調整 (www.ssa.gov/oact/cola/colaseries.html) 來計算二〇一〇年的統計生命價值。
7. History, "This Day in History: July 13 1978; Henry Ford II Fires Lee Iacocca," January 27, 2010, www.history.com/this-day-inhistory/henry-ford-ii-fires-lee-iacocca.
8. Greg Gardner, Alisa Priddle, and Brent Snavely, "GM Could Settle DOJ Criminal Investigation This Summer," *Detroit Free Press,* May 23, 2015, www.freep.com/story/money/2015/05/22/general-motors-justicedepartment-ignition-switch-deaths/27820247.
9. Bill Vlasic and Matt Apuzzo, "Toyota Is Fined $1.2 Billion for Concealing Safety Defects," *New York Times,* March 19, 2014, www.nytimes.com/2014/03/20/business/toyota-reaches-1-2-billion-settlement-in-criminal-inquiry.html.
10. "A Scandal in the Motor Industry: Dirty Secrets," *The Economist,* September 26, 2015, www.economist.com/news/leaders/21666226-volkswagens-falsification-pollution-tests-opens-door-very-different-car.
11. Ralph Nader, *Breaking Though Power* (San Francisco: City Lights Books, 2016), 61.
12. Subodh Varma, "Arbitrary? 92% of All Injuries Termed Minor," *The Times of India,* June 20, 2010, http://timesofindia.indiatimes.com/india/Arbitrary-92-of-all-injuriestermed-minor/articleshow/6069528.cms.

13. Sanjoy Hazarika, "Bhopal Payments by Union Carbide Set at $470 Million," *New York Times,* February 15, 1989, www.nytimes.com/1989/02/15/business/bhopal-payments-by-union-carbide-set-at-470-million.html.

14. 一九八九年美國人均 GDP 對印度人均 GDP 的比率分別是 20.9（名目比）和 64.9（購買力平價比）。World Bank, "GDP per Capita (Current US$)," accessed September 30, 2019, http://data.worldbank.org/indicator/NY.GDP.PCAP.CD; World Bank, "GDP per Capita, PPP (Current International $)," accessed September 30, 2019, http://data.worldbank.org/indicator/NY.GDP.PCAP.PP.CD.

15. "Compensation Fund for Bangladesh Factory Victims Reaches US$30m Target," *Channel News Asia,* June 9, 2015, www.channelnewsasia.com/news/asiapacific/compensation-fund-for/1902092.html.

16. Arthur D. Little International, "Public Finance Balance of Smoking in the Czech Republic, Report to: Philip Morris CR," November 28, 2000, www.no-smoke.org/pdf/pmczechstudy.pdf.

17. A. Raynauld and J. Vidal, "Smoker's Burden on Society: Myth and Reality in Canada," *Canadian Public Policy* 18, no. 3 (1992): 300–317; G. Stoddart, R. LaBelle, M. Barer, and R. Evans, "Tobacco Taxes and Health Care Costs: Do Canadian Smokers Pay Their Way?," *Journal of Health Economics* 5, no. 1 (1986): 63–80; J. Prabhat and F. J. Chaloupka, *Curbing the Epidemic: Governments and the Economics of Tobacco Control,* (Washington, DC: World Bank, 1999).

18. "Smoking Can Help Czech Economy, Philip Morris-Little Report Says," *Wall Street Journal,* July 16, 2001, www.wsj.com/articles/SB995230746855683470.

19. "Philip Morris Issues Apology for Czech Study on Smoking," *New York Times,* July 27, 2001, www.nytimes.com/2001/07/27/business/philip-morris-issues-apology-for-czech-study-on-smoking.html.

20. Samuel H. Williamson and Louis P. Cain, "Slavery in 2011 Dollars," Measuring Worth, 2019, www.measuringworth.com/slavery.php.

21. Slavery Convention, September 25, 1926, 60 L.N.T.S. 254, www.ohchr.org/Documents/ProfessionalInterest/slavery.pdf; Supplementary Convention on the Abolition of Slavery, the Slave Trade, and Institutions and Practices Similar to Slavery, September 7, 1956, 266 U.N.T.S. 3, www.ohchr.org/Documents/ProfessionalInterest/slaverytrade.pdf; *The Global Slavery Index 2014* (Australia: Hope for Children Organization, 2014) https://reporterbrasil.org.br/wp-content/uploads/2014/11/GlobalSlavery_2014_LR-FINAL.pdf.

22. *Global Slavery Index 2014*; Adam Withnall, "Isis Releases 'Abhorrent' Sex Slaves Pamphlet with 27 Tips for Militants on Taking, Punishing and Raping Female Captives," *Independent,* December 10, 2014, www.independent.co.uk/news/world/middle-east/isis-releasesabhorrent-sex-slaves-pamphlet-with-27-tips-for-militants-on-takingpunishing-and-raping-female-captives-9915913.html.

23. Doug Bolton, "Isis 'Price List' for Child Slaves Confirmed as Genuine by UN Official Zainab Bangura," *Independent,* August 4, 2015, www.independent.co.uk/news/world/middle-east/isis-price-listfor-child-slaves-confirmed-as-genuine-by-un-official-zainab-bangura-10437348.html.

24. Eric Foner, *Give Me Liberty* (New York: W.W. Norton, 2004).

25. United Nations Office on Drugs and Crime, "Factsheet on Human Trafficking," accessed September 30, 2019, www.unodc.org/documents/human-trafficking/UNVTF_fs_HT_EN.pdf.

26. U.S. General Accounting Office, "Alien Smuggling: Management and Operational Improvements Needed to Address Growing Problem," (Washington, DC: U.S. Government Printing Office, 2000), www.gao.gov/assets/230/229061.pdf.

27. "Walk Tall: Why It Pays to Be a Lanky Teenager," *The Economist,* April 25 2002, www.economist.com/node/1099333.

28. Carol Peckham, "Medscape Radiologist Compensation Report 2015," Medscape, April 21, 2015, www.medscape.com/features/slideshow/compensation/2015/radiology. For the purpose of this calculation, I have used a forty-hour workweek and four weeks of vacation.

29. Milton Friedman, *Capitalism and Freedom* (Chicago: University Of Chicago Press, 2002).

30. Thomas Friedman, *The World Is Flat* (New York: Farrar, Straus, and Giroux, 2005).

31. Elizabeth Olson, "Welcome to Your First Year as a Lawyer. Your Salary Is $160,000," *New York Times,* April 16, 2015, www.nytimes.com/2015/04/17/business/dealbook/welcome-to-your-first-year-as-a-lawyer-your-salary-is-160000-a-year.html; Association of American Medical Colleges, "Starting Salaries for Physicians," accessed January 10, 2019, https://www.aamc.org/services/first/first_factsheets/399572/compensation.html

32. New York City Fire Department, "Firefighter Benefits and Salaries," accessed September 30, 2019, www1.nyc.gov/site/fdny/jobs/career-paths/firefighter-salaryguide.page.

33. Howard Steven Friedman, *Measure of a Nation* (New York: Prometheus Books, 2012).

34. 使用每小時 7.25 美元，每週 40 小時，每年五十週來計算，年收入是 14,500 美元，而二〇一七年美國的人均 GDP 約為 59,531 美元。參見 World Bank, GDP per Capita (Current US$); Organisation for Economic Cooperation and Development, "Focus on Minimum Wages after the Crisis: Making Them Pay," May 2015, www.oecd.org/social/Focus-on-Minimum-Wages-after-the-crisis-2015.pdf.

35. Bureau of Labor and Statistics, "United States Department of Labor," accessed September 30, 2019, www.bls.gov/emp/chart-unemployment-earnings-education.htm.

36. "Is Your Degree Worth It? It Depends What You Study, Not Where," *The Economist,* March 12, 2015, www.economist.com/news/united-states/21646220-it-depends-whatyou-study-not-where.

37. United Nations International Civil Service Commission, "Danger Pay," accessed September 30, 2019, https://icsc.un.org/Home/DangerPay.

38. Hanna Rosin, "The Gender Wage Gap Lie," *Slate Magazine,* August 30, 2013, www.slate.com/articles/double_x/doublex/2013/08/gender_pay_gap_the_familiar_line_that_woman_make_77_cents_to_every_man_s.html

39. Francine D. Blau and Lawrence M. Kahn, "The Gender Pay Gap: Have Women Gone as Far as They Can?," *Academy of Managed Perspectives* 21, no. 1 (2007): 7–23, http://web.stanford.edu/group/scspi/_media/pdf/key_issues/gender_research.pdf

40. Joanne Lipman, "Let's Expose the Gender Pay Gap," *New York Times,* August 13, 2015, www.nytimes.com/2015/08/13/opinion/lets-expose-the-gender-pay-gap.html.

41. Deborah Ashton, "Does Race or Gender Matter More to Your Paycheck?," *Harvard Business Review,* November 4, 2016, https://hbr.org/2014/06/does-race-or-gender-matter-more-to-your-paycheck.

42. Susan Aud, Mary Ann Fox, Angelina Kewal Ramani, *Status and Trends in the Education of Racial and Ethnic Groups,* (Washington, DC: U.S. Department of Education, July 2010), http://nces.ed.gov/pubs2010/2010015.pdf.

43. 「非正規部門」通常是指經濟中既不徵稅、也不受政府監管的部分。關於「非正規經濟」的一些定義，可參見 Friedrich Schneider, "Size and Measurement of the Informal Economy in 110 Countries around the World," (paper presented at a Workshop of Australian National Tax Centre, Canberra, Australia, July 17, 2002), www.amnet.co.il/attachments/informal_economy110.pdf.

44. Prison Policy Initiative, "Section III: The Prison Economy," accessed September 30, 2019, www.prisonpolicy.org/blog/2017/04/10/wages; Peter Wagner, *The Prison Index: Taking the Pulse of the Crime Control Industry* (Northampton MA: Western Prison Project and the Prison Policy Initiative, 2003).

45. Chuck Collins, *Economic Apartheid in America: A Primer on Economic Inequality and Security* (New York: New Press, 2000), 111.

46. Lawrence Mishel and Jessica Schieder, "CEO Compensation Surged in 2017 Report," *Economic Policy Institute,* August 16, 2018, www.epi.org/publication/ceo-compensation-surged-in-2017.

47. Gretchen Gavett, "CEOs Get Paid Too Much, According to Pretty Much Everyone in the World," *Harvard Business Review,* September 23, 2014, https://hbr.org/2014/09/ceos-get-paid-too-much-according-to-pretty-much-everyone-in-the-world.

第六章　我希望像爺爺那樣死去

1. *2014 Life Insurance and Annuity Industry Outlook: Transforming for Growth; Getting Back on Track,* Deloitte Center for Financial Services, 2014, www2.deloitte.com/content/dam/Deloitte/global/Documents/Financial-Services/dttl-fsi-us-Life-Insurance-Outlook-2014-01.pdf.
2. World Bank, "GDP (Current US$)," accessed September 30, 2019, http://data.worldbank.org/indicator/NY.GDP.MKTP.CD.
3. *ACLI 2017 Fact Book* (Washington, DC: American Council of Life Insurers, 2017), chapter 7, www.acli.com/-/media/ACLI/Files/Fact-Books-Public/FB17CH7.ashx?.
4. 根據美國人口估計值計算。United States Census Bureau, data tables, accessed September 30, 2019, www.census.gov/popclock/data_tables.php?component=growth.
5. Jennifer Rudden, "Total Number of Life Insurance Policies in Force in the United States from 2008 to 2017 (In Millions)," Statistica, last edited July 17, 2019, www.statista.com/statistics/207651/us-lifeinsurance-policies-in-force.
6. 定期壽險提供固定期限的保險。如果你在那段時間內死亡，保險公司會向你的受益人支付保險金。如果你活超過那段時間，保險公司不會支付任何費用。這與終身壽險形成了鮮明的對比，根據定義，終身壽險單不會到期。投保終身壽險後，保戶支付保費以換取保險公司在保戶過世時，向其受益人支付一定金額的承諾。關於壽險選項的實用摘要，可參閱可汗學院，www.khanacademy.org/economics-financedomain/core-finance/investment-vehicles-tutorial/life-insurance/v/term-life-insurance-and-death-probability.
7. *ACLI 2017 Fact Book,* chapter 7.
8. Ashley Durham, "2015 Insurance Barometer Study," (LL Global,

2015), www.orgcorp.com/wp-content/uploads/2015-Insurance-Barometer.pdf.

9. First Symetra National Life Insurance Company of New York, "Uniformed Firefighters Association of Greater New York: Summary Plan Description," Uniformed Firefighters Association, revised October 1, 2017, www.ufanyc.org/pdf/ufa_life_insurance_doc.pdf.
10. Centers for Disease Control and Prevention, "Infant Mortality," page last reviewed March 27, 2019, www.cdc.gov/reproductivehealth/MaternalInfantHealth/InfantMortality.htm; Marian F. MacDorman, T. J. Mathews, Ashna D. Mohangoo, and Jennifer Zeitlin, "International Comparisons of Infant Mortality and Related Factors: United States and Europe, 2010," *National Vital Statistics Reports* 63, no. 5 (2014), www.cdc.gov/nchs/data/nvsr/nvsr63/nvsr63_05.pdf.
11. Elizabeth Arias, Melonie Heron, and Jiaquan Xu, "United States Life Tables, 2013," *National Vital Statistics Reports* 66, no. 3 (2017), www.cdc.gov/nchs/data/nvsr/nvsr66/nvsr66_03.pdf.
12. World Health Organization, "Life Expectancy by Country," last updated April 6, 2018, http://apps.who.int/gho/data/node.main.688?lang=en.
13. Arias, Heron, and Xu, "United States Life Tables, 2013."
14. "Life Insurance: Smoker vs. Non-Smoker," ProFam.com, accessed September 30, 2019, www.profam.com/smoker-vs-non-smoker.asp.
15. Jiaquan Xu, Sherry L. Murphy, Kenneth D. Kochanek, Brigham Bastian, and Elizabeth Arias, "Deaths: Final Data for 2016," *National Vital Statistics Reports* 67, no. 5 (2018), www.cdc.gov/nchs/data/nvsr/nvsr67/nvsr67_05.pdf.

16. 要概覽針對保險公司加請之法規背後的邏輯，參見 Ronen Avraham, Kyle D. Logue, and Daniel Benjamin Schwarcz, "Explaining Variation in Insurance Anti-Discrimination Laws," *Law & Economics Working Papers* 82 (2013), http://repository.law.umich.edu/law_econ_current/82.

17. Will Kenton, "Definition of 'Regulatory Capture,' " Investopedia, last updated March 28, 2019, www.investopedia.com/terms/r/regulatory-capture.asp.

18. Ronen Avraham, Kyle D. Logue, and Daniel Benjamin Schwarcz, "Understanding Insurance Anti-Discrimination Laws," *Law & Economics Working Papers* 52 (2013), http://repository.law.umich.edu/law_econ_current/52.

19. Calculation based on the data in Jiaquan Xu, Sherry L. Murphy, Kenneth D. Kochanek, and Brigham A. Bastian, "Deaths: Final Data for 2013," *National Vital Statistics Reports* 64, no. 2 (2016), table 18, www.cdc.gov/nchs/data/nvsr/nvsr64/nvsr64_02.pdf.

20. Avraham, Logue, and Schwarcz, "Understanding Insurance Anti-Discrimination Laws," 52.

21. Mary L. Heen, "Ending Jim Crow Life Insurance Rates," *Northwestern Journal of Law and Social Policy* 4, no. 2 (2009): 360–99, http://scholarlycommons.law.northwestern.edu/njlsp/vol4/iss2/3.

22. Businessdictionary.com, s.v. "cross subsidization," accessed September 30, 2019, www.businessdictionary.com/definition/cross-subsidization.html.

23. Ashley Durham, "2014 Insurance Barometer Study: Supplemental Data," LIMRA, table 19: 27.

24. 同前。

25. Michael J. Sandel, *What Money Can't Buy: The Moral Limits of Markets* (New York: Farrar, Straus, and Giroux, 2013), 134.

第七章　回春

1. *CNN,* "Law Background on the Schiavo Case," March 25, 2005, accessed January 10, 2018, www.cnn.com/2005/LAW/03/25/schiavo.qa.
2. Jonathan Weisman and Ceci Connolly, "Schiavo Case Puts Face on Rising Medical Costs; GOP Leaders Try to Cut Spending as They Fight to Save One of Program's Patients," *Washington Post,* March 23, 2005, www.washingtonpost.com/wp-dyn/articles/A58069-2005Mar22.html.
3. 健康也有更廣泛的定義，例如世界衛生組織的定義是：「健康不僅是沒有疾病或傷殘，而是身體上、精神上、社會適應上皆維持良好的狀態。」Preamble to the Constitution of the World Health Organization, signed at the International Health Conference, New York, July 22, 1946, www.who.int/governance/eb/who_constitution_en.pdf.
4. A summary of healthy choices for living appears at the Centers for Disease Control and Prevention, "Tips for a Safe and Healthy Life," www.cdc.gov/family/tips.
5. The United States President's Emergency Plan for AIDS Relief, "United States Government Global Health Initiative Strategy Document," accessed October 7, 2019, www.state.gov/pepfar.
6. World Bank, *World Development Report 1993: Investing in Health* (New York: Oxford University Press, 1993), https://openknowledge.worldbank.org/handle/10986/5976.
7. Karin Stenberg Henrik Axelson, Peter Sheehan, Ian Anderson, A. Metin

Gülmezoglu, Marleen Temmerman, Elizabeth Mason, et al., "Advancing Social and Economic Development by Investing in Women's and Children's Health: A New Global Investment Framework," *The Lancet* 383, no. 9925 (2014): 1333–54.

8. Agency for Toxic Substances and Disease Registry, "Arsenic Toxicity: What Are the Physiologic Effects of Arsenic Exposure?," last updated January 15, 2010, www.atsdr.cdc.gov/csem/csem.asp?csem=1&po=11.
9. United States Environmental Protection Agency, "Sulfur Dioxide (SO2) Pollution," accessed October 7, 2019, www.epa.gov/so2-pollution.
10. 除 QALY 以外，傷殘調整生命年（DALY）常用來衡量人口健康。一種疾病或健康狀況的 DALY 是 YLL 與 YLD 的總和。這裡的 YLL 是人口過早死亡造成的生命損失年數（years of life lost），YLD 是生病或殘疾而失能的年數（years lost due to disability）。DALY 把提早死亡失去的年數或生病與失能造成生活品質降低的年數都換算成同一單位。DALY 與 QALY 類似，都是用從 1（死亡）到 0（完全健康）的量表，把疾病與提早死亡合併成一個數字。
11. World Health Organization, "Health Statistics and Information Systems: Disability Weights, Discounting and Age Weighting of DALYs," accessed October 7, 2019, www.who.int/healthinfo/global_burden_disease/daly_disability_weight/en.
12. Joshua A. Salomon, Juanita A. Haagsma, Adrian Davis, Charline Maertens de Noordhout, Suzanne Polinder, Arie H. Havelaar, Alessandro Cassini, et al., "Disability Weights for the Global Burden of Disease 2013 Study," *The Lancet Global Health* 3, no. 11 (2015):

e712–23.

13. Centers for Medicare and Medicaid Services, "U.S. Personal Health Care Spending by Age and Gender: 2010 Highlights," accessed October 7, 2019, www.cms.gov/Research-Statistics-Data-and-Systems/Statistics-Trends-and-Reports/NationalHealthExpendData/Downloads/2010AgeandGenderHighlights.pdf

14. V. Fuchs, "Provide, Provide: The Economics of Aging" (NBER working paper no. 6642, National Bureau of Economic Research, Cambridge, MA, 1998).

15. Christopher Hogan, June Lunney, Jon Gabel and Joanne Lynn, "Medicare Beneficiaries' Costs of Care in the Last Year of Life," *Health Affairs* 20, no. 4 (July 2001): 188–95.

16. 關於品質調整生命年的概念及其他基本健康經濟學概念的概述，請參閱M. F. Drummond, M. J. Sculpher, G. W. Torrance, B. J. O'Brien, and G. L. Stoddart, *Methods for the Economic Evaluation of Health Care Programmes* (Oxford: Oxford University Press, 2005).

17. 健康經濟學家認為，一些健康狀況比死亡更糟，因此有負的QALY。

18. National Institute for Health and Care Excellence, Glossary, s.v. "quality-adjusted life year," accessed October 7, 2019, www.nice.org.uk/glossary?letter=q.

19. EuroQol, "EQ-5D User Guide Version 2.0," 2009, accessed October 7, 2019, https://euroqol.org/wp-content/uploads/2019/09/EQ-5D-5L-English-User-Guide_version-3.0-Sept-2019-secured.pdf.

20. M. C. Weinstein, G. Torrance, and A. McGuire, "QALYs: The Basics," in "Moving the QALY Forward: Building a Pragmatic Road," special issue, *Value in Health* 12, no. S1 (2009): S5–9, http://onlinelibrary.

wiley.com/doi/10.1111/j.1524-4733.2009.00515.x/epdf.

21. E. Nord, J. L. Pinto, J. Richardson, P. Menzel, and P. Ubel, "Incorporating Societal Concerns for Fairness in Numerical Valuations of Health Programmes," *Health Economics* 8, no. 1 (1999): 25–39; J. Coast, "Is Economic Evaluation in Touch with Society's Health Values?," *BMJ* 329 (2004): 1233–36, www.med.mcgill.ca/epidemiology/courses/EPIB654/Summer2010/Policy/Coast%20BMJ%202004.pdf

22. M. L. Berger, K. Bingefors, E. C. Hedblom, C. L. Pashos, and G. W. Torrance, *Health Care Cost, Quality, and Outcomes: ISPOR Book of Terms* (Lawrenceville, NJ: ISPOR, 2003).

23. K. Arrow, R. Solow, P. R. Portney, E. E. Leamer, R. Radner, and H. Schuman, "Report of the NOAA Panel on Contingent Valuation," *Federal Register* 58, no. 10 (1993): 4601–14, www.economia.unimib.it/DATA/moduli/7_6067/materiale/noaa%20report.pdf

24. Centers for Disease Control and Prevention, "National Health Expenditures Fact Sheet," last modified April 26, 2019, www.cms.gov/research-statistics-data-and-systems/statistics-trends-and-reports/nationalhealthexpenddata/nhe-fact-sheet.html.

25. OECD, "Health Spending," 2017, https://data.oecd.org/healthres/health-spending.htm. 這裡應該指出，研究顯示，隨著國家變得更富裕，醫療保健支出在國民經濟中的占比越大，參見 William Baumol, *The Cost Disease* (New Haven CT: Yale University Press, 2013).

26. *Fortune,* "Fortune 500," http://fortune.com/fortune500.

27. Henry J. Kaiser Family Foundation, "Key Facts about the Uninsured Population," December 12, 2018, www.kff.org/uninsured/fact-sheet/

key-facts-about-the-uninsured-population.

28. OECD, "Measuring Health Coverage," accessed October 7, 2019, www.oecd.org/els/health-systems/measuring-health-coverage.htm.
29. OECD, "Social Expenditure Update," November 2014, www.oecd.org/els/soc/OECD2014-Social-Expenditure-Update-Nov2014-8pages.pdf.
30. OECD, "Life Expectancy at Birth," accessed October 7, 2019, https://data.oecd.org/healthstat/life-expectancy-at-birth.htm.
31. 同前。
32. World Bank, "Maternal Mortality Ratio (Modeled Estimate, per 100,000 Live Births)," accessed October 7, 2019, http://data.worldbank.org/indicator/SH.STA.MMRT?order=wbapi_data_value_2015+wbapi_data_value+wbapi_data_valuelast&sort=asc.
33. Christopher J. L. Murray, Sandeep C. Kulkarni, Catherine Michaud, Niels Tomijima, Maria T. Bulzacchelli, and Terrell J. Iandiorio, Majid Ezzati, "Eight Americas: Investigating Mortality Disparities across Races, Counties, and Race-Counties in the United States," *PLOS Medicine* 3, no. 9 (2006): e260, http://journals.plos.org/plosmedicine/article?id=10.1371/journal.pmed.0030260.
34. 更詳細的討論，參見 Howard Steven Friedman, *Measure of a Nation* (New York: Prometheus Books, 2012)
35. T. J. Mathews and M. F. MacDorman, "Infant Mortality Statistics from the 2010 Period Linked Birth/Infant Death Data Set," *National Vital Statistics Reports* 62, no. 8 (2013), www.cdc.gov/mmwr/preview/mmwrhtml/mm6301a9.htm; Centers for Disease Prevention and Control, "Pregnancy Mortality Surveillance System," last reviewed June 4, 2019, www.cdc.gov/reproductivehealth/maternalinfanthealth/

pmss.html.

36. McKinsey Global Institute, "Accounting for the Cost of U.S. Healthcare: A New Look at Why Americans Spend More," December 2008, www.mckinsey.com/mgi/publications/us_healthcare/index.asp.

37. Laura D. Hermer and Howard Brody, "Defensive Medicine, Cost Containment, and Reform," *Journal of General Internal Medicine* 25, no. 5 (2010): 470–73. www.ncbi.nlm.nih.gov/pmc/articles/PMC2855004.

38. 關於《平價醫療法》的概述，參見 U.S. Department of Health and Human Services, "Health Care," accessed October 7, 2019, www.hhs.gov/healthcare/about-the-aca/index.html.

39. H. A. Glick, S. McElligott, M. V. Pauly, R.J. Willke, H. Bergquist, J. Doshi, L. A. Fleisher et al., "Comparative Effectiveness and Cost-Effectiveness Analyses Frequently Agree on Value," *Health Affairs* 34, no. 5 (2015 May): 805–11.

40. Persad Govind, "Priority Setting, Cost-Effectiveness, and the Affordable Care Act," *American Journal of Law and Medicine* 41, no. 1 (2015): 119–66, http://scholarship.law.georgetown.edu/cgi/viewcontent.cgi?article=2521&context=facpub.

41. Soneji Samir and Yang JaeWon, "New Analysis Reexamines the Value of Cancer Care in the United States Compared to Western Europe," *Health Affairs (Project Hope)* 34 no. 3 (2015): 390–97.

42. National Institute for Health and Care Excellence, "The Guidelines Manual: Process and Methods; 7 Assessing Cost Effectiveness," November 2012, www.nice.org.uk/article/pmg6/chapter/7-assessing-cost-effectiveness.

43. Usa Chaikledkaew and Kankamon Kittrongsiri, "Guidelines for

Health Technology Assessment in Thailand (Second Edition)—The Development Process," *Journal of the Medical Association of Thailand* 97, suppl. 5 (2014): S4–9.

44. World Health Organization, "Tracking Universal Health Coverage: First Global Monitoring Report," 2015, http://apps.who.int/iris/bitstream/10665/174536/1/9789241564977_eng.pdf.

45. Avik Roy, "Conservative Think Tank: 10 Countries with Universal Health Care Have Freer Economies Than the U.S.," *Forbes,* January 27, 2015, www.forbes.com/sites/theapothecary/2015/01/27/conservative-think-tank-10-countries-with-universal-health-care-are-economically-freer-than-the-u-s.

46. Healthcare.gov, "Essential Health Benefits," accessed October 7, 2019, www.healthcare.gov/glossary/essential-health-benefits.

47. David U. Himmelstein, Deborah Thorne, Elizabeth Warren, and Steffie Woolhandler, "Medical Bankruptcy in the United States, 2007: Results of a National Study," *American Journal of Medicine* 122, no. 8 (2009): 741–46, www.pnhp.org/new_bankruptcy_study/Bankruptcy-2009.pdf.

48. Henry J. Kaiser Family Foundation, "Key Facts."

49. Zack Cooper, Stuart Craig, Martin Gaynor, and John Van Reenen, "The Price Ain' t Right? Hospital Prices and Health Spending on the Privately Insured," (NBER working paper no. 21815, National Bureau of Economic Research, Cambridge, MA, December 2015), www.healthcarepricingproject.org/sites/default/files/pricing_variation_manuscript_0.pdf

50. Yosuke Shimazono, "The State of the International Organ Trade: A Provisional Picture Based on Integration of Available Information," *Bulletin of the World Health Organization* 85, no. 12 (December

2007): 955–62, www.who.int/bulletin/volumes/85/12/06-039370/en.

第八章　我們養得起孩子嗎？

1. Mark Lino, "Expenditures on Children by Families, 2013," United States Department of Agriculture, Center for Nutrition Policy and Promotion, Miscellaneous Publication No. 1528-2003, April 2004, https://fns-prod.azureedge.net/sites/default/files/expenditures_on_children_by_families/crc2003.pdf 中產階級家庭的定義是稅前收入在 61,530 美元到 106,540 美元之間。
2. 一個關鍵的例外是，約五十萬名美國兒童在自家農場上工作，那裡對童工的限制最小。United States Department of Labor, "Youth and Labor: Agricultural Employment," accessed October 7, 2019, www.dol.gov/dol/topic/youthlabor/agriculturalemployment.htm; United States Department of Labor, "Agricultural Operations," Occupational Safety and Health Administration, accessed October 7, 2019, www.osha.gov/dsg/topics/agriculturaloperations.
3. University of Iowa Labor Center, "Child Labor Public Education Project: Child Labor in U.S. History," accessed October 7, 2019, https://laborcenter.uiowa.edu/special-projects/child-labor-public-education-project/about-child-labor/child-labor-us-history.
4. 美國的一個關鍵轉捩點是《公平勞動標準法》（一九八三年），該法案規定兒童可以合法工作的時間。這種兒童權利的轉變在《兒童權利公約》（一九八九年）中正式確立，該公約是一項人權條約，規定未成年人的公民權利、政治權利、經濟權利、社會權利、健康權利、文化權利。Convention on the Rights of the Child, 1577 U.N.T.S. 3 (1989), www.ohchr.org/en/professionalinterest/pages/crc.aspx. 截至二〇一六年，除美國以外，聯合國的所有成員國都是該公約的締約國。參見 United Nations Human Rights Office

of the High Commissioner, "Convention on the Rights of the Child," accessed October 7, 2019, www.ohchr.org/en/professionalinterest/pages/crc.aspx .

5. 不孕治療在接近四十歲及四十出頭的女性身上比較常見，因為育齡末期的女性不孕率遽增。American Society for Reproductive Medicine, "Age and Fertility: A Guide for Patients," 2012, www.reproductivefacts.org/globalassets/rf/news-and-publications/bookletsfact-sheets/english-fact-sheets-and-info-booklets/Age_and_Fertility.pdf.
6. 體外受精的費用估計是，假設受精週期的平均費用約一萬兩千美元，藥物的額外費用可達五千美元，植入前的基因診斷費用是六千美元。Jennifer Gerson Uffalussy, "The Cost of IVF: 4 Things I Learned While Battling Infertility," *Forbes Personal Finance,* February 6, 2014, www.forbes.com/sites/learnvest/2014/02/06/the-cost-of-ivf-4-things-i-learned-while-battling-infertility.
7. 代理孕母的收入通常不到這個數字的一半，大部分的收入是由代理機構拿走及支付法律費用。West Coast Surrogacy, "Surrogate Mother Costs," accessed October 7, 2019, www.westcoastsurrogacy.com/surrogate-program-for-intended-parents/surrogate-mother-cost; WebMD, "Using a Surrogate Mother: What You Need to Know," accessed October 7, 2019, www.webmd.com/infertility-and-reproduction/guide/using-surrogate-mother?page=2.
8. Michael Sandel, *Justice: What's the Right Thing to Do?* (New York: Farrar, Straus, and Giroux, 2008).
9. U.S. Department of Health and Human Services, Child Welfare Information Gateway, "Foster Care Statistics 2017," accessed October 7, 2019, www.childwelfare.gov/pubPDFs/foster.pdf.

10. U.S. Department of Health and Human Services, Centers for Disease Control and Prevention, "Effectiveness of Family Planning Methods," accessed October 7, 2019, www.cdc.gov/reproductivehealth/unintendedpregnancy/pdf/contraceptive_methods_508.pdf
11. William C. Shiel Jr., "Medical Definition of Spontaneous Abortion," Medicinenet, reviewed December 11, 2018, www.medicinenet.com/script/main/art.asp?articlekey=17774.
12. Center for Reproductive Rights, "The World's Abortion Laws," last updated April 26, 2019, http://worldabortionlaws.com.
13. 有一個州允許婦女在生命受到威脅或懷孕是強姦造成的情況下墮胎。
14. Rachel Benson Gold, "Lessons from before Roe: Will Past Be Prologue?," *Guttmacher Report on Public Policy* 6, no. 1 (March 2003): 8–11, www.guttmacher.org/pubs/tgr/06/1/gr060108.html.
15. Roe v. Wade, 410 U.S. 113 (1973), www.law.cornell.edu/supremecourt/text/410/113.
16. I. Seri and J. Evans, "Limits of Viability: Definition of the Gray Zone," in "Proceedings of the 4th Annual Conference 'Evidence vs Experience in Neonatal Practice,' " supplement, *Journal of Perinatology* 28 no. S1 (May 2008): S4–8.
17. H. C. Glass, A. T. Costarino, S. A. Stayer, C. M. Brett, F. Cladis, and P. J. Davis, "Outcomes for Extremely Premature Infants," *Anesthesia & Analgesia* 120, no. 6 (2015): 1337–51.
18. Canwest News Service, "Miracle Child," February 11, 2006.
19. Lydia Saad, "Trimesters Still Key to U.S. Abortion Views," Gallup Politics, June 13, 2018, https://news.gallup.com/poll/235469/trimesters-key-abortionviews.aspx.

20. Guttmacher Institute, “State Policies in Brief: Abortion Bans in Cases of Sex or Race Selection or Genetic Anomaly,” last updated October 1, 2019, www.guttmacher.org/state-policy/explore/abortionbans-cases-sex-or-race-selection-or-genetic-anomaly.

21. FindLaw, “Aggravated Assault,” accessed October 7, 2019, http://criminal.findlaw.com/criminal-charges/aggravated-assault.html.

22. National Conference of State Legislators, “State Laws on Fetal Homicide and Penalty-Enhancement for Crimes Against Pregnant Women,” May 1, 2018, www.ncsl.org/research/health/fetal-homicide-state-laws.aspx.

23. Cal. Pen. Code § 187-199, https://leginfo.legislature.ca.gov/faces/codes_displayText.xhtml?lawCode=PEN&division=&title=8.&part=1.&chapter=1.&article.

24. R.I. Gen. Laws § 11-23-5, http://webserver.rilin.state.ri.us/Statutes/title11/11-23/11-23-5.htm.

25. Webster v. Reproductive Health Services, 492 US 490 (1989), www.law.cornell.edu/supremecourt/text/492/490.

26. Jaime L. Natoli, Deborah L. Ackerman, Suzanne McDermott, Janice G. Edwards, “Prenatal Diagnosis of Down Syndrome: A Systematic Review of Termination Rates (1995–2011),” *Prenatal Diagnosis* 32, no. 2 (2012): 142–53; Centers for Disease Control and Prevention, “Reproductive Health Data and Statistics,” last reviewed September 24, 2019, www.cdc.gov/reproductivehealth/data_stats.

27. David Plotz, “The ‘Genius Babies,’ and How They Grew,” *Slate,* February 8, 2001, www.slate.com/articles/life/seed/2001/02/the_genius_babies_and_how_they_grew.html

28. Addgene, “CRISPR Guide,” accessed October 7, 2019, www.addgene.

org/CRISPR/guide.

29. Julia Belluz, "Is the CRISPR Baby Controversy the Start of a Terrifying New Chapter in Gene Editing?," *Vox,* December 3, 2018, www.vox.com/science-and-health/2018/11/30/18119589/crispr-technology-he-jiankui.

30. 雖然有些文化重女輕男，但更普遍的情況是女性胚胎被選擇性墮胎，這也是這裡討論的焦點。

31. Woojin Chung and Monica Das Gupta, "Why Is Son Preference Declining in South Korea?" (World Bank Policy Research Working Paper No. 4373, World Bank Development Research Group, Human Development and Public Services Team, October 2007); Klaus Deininger, Aparajita Goyal, and Hari Nagarajan, "Inheritance Law Reform and Women's Access to Capital: Evidence from India's Hindu Succession Act" (World Bank Policy Research Working Paper No. 5338, June 1, 2010).

32. World Bank, "Fertility Rate, Total (Births per Woman)," accessed October 7, 2019, http://data.worldbank.org/indicator/SP.DYN.TFRT.IN.

33. 關於性別選擇及女性死亡率過高的影響的綜合討論，參見 John Bongaarts and Christophe Z. Guilmoto, "How Many More Missing Women? Excess Female Mortality and Prenatal Sex Selection, 1970–2050," *Population and Development Review* 41, no. 2 (June 2015): 241–69, http://onlinelibrary.wiley.com/doi/10.1111/j.1728-4457.2015.00046.x/pdf.

34. L. S. Vishwanath, "Female Infanticide, Property and the Colonial State," in *Sex-Selective Abortion in India: Gender, Society and New Reproductive Technologies,* ed. Tulsi Patel, 269–85 (New Delhi, India: SAGE Publications India, 2007); D. E. Mungello, *Drowning Girls*

in China: Female Infanticide in China since 1650 (Lanham, MD: Rowman & Littlefield, 2008).

35. Shuzhuo Li, "Imbalanced Sex Ratio at Birth and Comprehensive Intervention in China" (report presented at the 4th Asia Pacific Conference on Reproductive and Sexual Health and Rights, October 29–31, 2007, Hyderabad, India), www.unfpa.org/gender/docs/studies/china.pdf.
36. Ministry of Health of the Socialist Republic of Vietnam and the United Nations Population Fund, "Report of the International Workshop on Skewed Sex Ratios at Birth: Addressing the Issue and the Way Forward" (conference report, International Workshop on Skewed Sex Ratios at Birth, United Nations Population Fund, Ha Noi, Vietnam, October 5–6, 2011), www.unfpa.org/webdav/site/global/shared/documents/publications/2012/Report_SexRatios_2012.pdf
37. 在東歐國家，男女性別比較高，有時是因為這些國家需要更多的男性來取代移民的男性以及生更多的男性去服兵役。
38. World Bank, "Sex Ratio at Birth, (Male Births per Female Births)," accessed October 7, 2019, https://data.worldbank.org/indicator/SP.POP.BRTH.MF.
39. 在中國，有一些跡象顯示，官方公布的出生性別比可能因父母少報出生人數（為了避免違反一胎化政策而挨罰），所以略有扭曲。這種情況的規模與影響還不確定。
40. Christophe Guilmoto, "Characteristics of Sex-Ratio Imbalance in India and Future Scenarios" (report presented at the 4th Asia Pacific Conference on Reproductive and Sexual Health and Rights, October 29–31, 2007, Hyderabad, India), www.unfpa.org/gender/docs/studies/india.pdf. 注意，旁遮普省的人均 GDP 僅略高於全國平均。

41. Shuzhuo Li, "Imbalanced Sex Ratio at Birth and Comprehensive Intervention in China" (report presented at the 4th Asia Pacific Conference on Reproductive and Sexual Health and Rights, October 29–31, 2007, Hyderabad, India), www.unfpa.org/gender/docs/studies/china.pdf.

42. Chung and Gupta, "Why Is Son Preference Declining in South Korea?"

43. Ministry of Health of the Socialist Republic of Vietnam and the United Nations Population Fund, "Report of the International Workshop on Skewed Sex Ratios at Birth."

44. W. C. Tse, K. Y. Leung, and Beatrice K. M. Hung, "Trend of Sex Ratio at Birth in a Public Hospital in Hong Kong from 2001 to 2010," *Hong Kong Medical Journal* 19, no. 4 (2013): 305–10, www.hkmj.org/system/files/hkm1308p305.pdf; *Sex Ratio at Birth: Imbalances in Vietnam* (Hanoi: UNFPA Viet Nam, 2010), https://vietnam.unfpa.org/en/publications/sex-ratio-birth-imbalances-viet-nam.

45. James F. X. Egan, Winston A. Campbell, Audrey Chapman, Alireza A. Shamshirsaz, Padmalatha Gurram, and Peter A. Ben, "Distortions of Sex Ratios at Birth in the United States; Evidence for Prenatal Gender Selection," *Prenatal Diagnosis* 31 (2011): 560–65, www.nrlc.org/uploads/sexselectionabortion/UofCTPrenatalDiagnosisStudy.pdf

46. Lisa Wong Macabasco, "Many Asian American Women Accept Abortion as a Practical Way out of an Unwanted Situation," *Hyphen,* April 16, 2010, www.hyphenmagazine.com/magazine/issue-20-insideout/choice-made.

47. Christophe Z. Guilmoto, "The Sex Ratio Transition in Asia," *Population and Development Review* 35, no. 3 (September 2009):

519–49.

48. Ministry of Health of the Socialist Republic of Vietnam and the United Nations Population Fund, "Report of the International Workshop on Skewed Sex Ratios at Birth."

49. Pre-Natal Diagnostic Techniques (Regulation and Prevention of Misuse) Act, 1994, Act No. 57 of 1994, http://chdslsa.gov.in/right_menu/act/pdf/PNDT.pdf.

50. 禁止性別選擇性墮胎的州包括亞利桑那州、阿肯色州、堪薩斯州、密蘇里州、北卡羅來納州、北達科他州、奧克拉荷馬州、賓州、南達科他州。National Asian Pacific American Women's Forum, "Race and Sex Selective Abortion Bans: Wolves in Sheep's Clothing," July 2013, https://aapr.hkspublications.org/2014/06/03/wolves-in-sheeps-clothing-the-impact-of-sex-selective-abortion-bans-on-asian-american-and-pacific-islander-women.

51. John Bongaarts, "The Implementation of Preferences for Male Offspring," *Population and Development Review* 39, no. 2 (June 2013: 185–208.

52. 同前。

53. Mara Hvistendahl, *Unnatural Selection: Choosing Boys over Girls, and the Consequences of a World Full of Men* (New York: PublicAffairs, 2012), 225.

54. Danièle Bélanger and Hong-Zen Wang, "Transnationalism from Below: Evidence from Vietnam-Taiwan Cross-Border Marriages," *Asian and Pacific Migration Journal* 21, no. 3 (2012): 291–316.

55. United Nations, "We Can End Poverty: Millennium Development Goals and Beyond 2015," accessed October 21, 2019, www.un.org/millenniumgoals/gender.shtml.

56. John Bongaarts, "The Causes of Educational Differences in Fertility in Sub-Saharan Africa," *Education and Demography* 8 (2010), 31–50; Anrudh K. Jain, "The Effect of Female Education on Fertility: A Simple Explanation," *Demography* 18, no. 4 (November 1981): 577–95. 國家層級的總生育率之間算出皮爾森積差相關係數是 -0.72 (Central Intelligence Agency, "World Factbook," accessed January 10, 2019, www.cia.gov/library/publications/theworld-factbook/rankorder/2127rank.html) and the country-level expected number of years of education (United Nations, "International Human Development Indicators," accessed January 10, 2019, http://hdr.undp.org/en/data).

57. United Nations Population Division, "World Population Prospects 2017," accessed October 7, 2019, https://population.un.org/wpp/Publications/Files/WPP2017_DataBooklet.pdf.

第九章　壞掉的計算機

1. Institute for Health Metrics and Evaluation, "GBD Compare," accessed October 10, 2019, http://vizhub.healthdata.org/gbd-compare.

2. Daniel Kahneman and Amos Tversky, "Prospect Theory: An Analysis of Decision under Risk," *Econometrica* 47, no. 2 (March 1979): 263–91,www.its.caltech.edu/~camerer/Ec101/ProspectTheory.pdf.

3. National Research Council, *Improving Risk Communication* (Washington, DC: National Academy Press, 1989); D. A. Small, and G. Loewenstein, "Helping the Victim or Helping a Victim: Altruism and Identifiability," *Journal of Risk and Uncertainty* 26, no. 1 (2003): 5–16.

4. Quote Investigator, "A Single Death is a Tragedy; a Million Deaths is a Statistic," May 21, 2010, http://quoteinvestigator.com/2010/05/21/

death-statistic.

5. Paul Slovic, "If I Look at the Mass I Will Never Act: Psychic Numbing and Genocide," *Judgment and Decision Making* 2, no. 2 (2007): 79–95.
6. 根據國際勞工組織的估計，每年約有一萬兩千人死於採礦，cited in Olivia Lang, "The Dangers of Mining around the World," *BBC News,* October 14, 2010, www.bbc.com/news/world-latin-america-11533349.
7. *CNN,* "Syrian Civil War Fast Facts," May 3, 2018, www.cnn.com/2013/08/27/world/meast/syria-civil-war-fast-facts/index.html.
8. Helena Smith, "Shocking Images of Drowned Syrian Boy Show Tragic Plight of Refugees," *Guardian,* September 2, 2015, www.theguardian.com/world/2015/sep/02/shocking-image-of-drowned-syrian-boy-shows-tragic-plight-of-refugees.
9. Quoted in *Fog of War: Eleven Lessons from the Life of Robert S. McNamara,* directed by Errol Morris, released May 21, 2003, transcript accessed October 10, 2019, www.errolmorris.com/film/fow_transcript.html.
10. 從統計數據轉向討論個人的力量，也體現在媒體對九一一恐攻的反應中。受害者是有家人、朋友、夢想的個體。為了幫世界了解這種失落，他們的傳記是刊登在《紐約時報》的〈Portraits of Grief〉系列中。"9/11: The Reckoning," *New York Times,* accessed October 10, 2019, www.nytimes.com/interactive/us/sept-11-reckoning/portraits-of-grief.html.
11. Paul Bloom, *Against Empathy* (New York: HarperCollins, 2016)
12. For more, see Richard Dawkins, *The Selfish Gene,* 30th anniversary ed. (Oxford: Oxford University Press, 2006).

13. 有些人認為，道德進步包括持續向外擴展我們的關心，直到我們關心所有活著及尚未出生的人類。我們可以設想一個未來的世界是把這個圈子擴展到人類之外，涵蓋所有的有情眾生、所有的動物，甚至所有的生物。Jeremy Rifkin, *The Empathic Civilization: The Race to Global Consciousness in a World in Crisis* (New York: Penguin, 2009); Paul R. Ehrlich and Robert E. Ornstein, *Humanity on a Tightrope* (New York: Rowman and Littlefield, 2010).
14. 在國內，二戰期間，數以萬計的日裔美國公民被關進集中營。
15. Tom Brokaw, *The Greatest Generation* (New York: Random House, 1998).
16. History.com, "Bombing of Dresden," November 9, 2009, www.history.com/topics/world-war-ii/battle-of-dresden.
17. Iris Chang, *The Rape of Nanking: The Forgotten Holocaust of World War II* (New York: Basic Books, 1997). 中國南京的南京大屠殺紀念館裡，展示日本媒體報導日軍將領比賽誰能砍下最多中國人的頭顱。
18. National World War II Museum, "Research Starters: Worldwide Deaths in World War II," accessed October 10, 2019, www.nationalww2museum.org/learn/education/for-students/ww2-history/ww2-by-the-numbers/world-wide-deaths.html.
19. Charles Hirshman, Samuel Preston, and Vu Mahn Loi, "Vietnamese Casualties during the American War: A New Estimate," *Population and Development Review* 21, no. 4 (December 1995): 783–812, https://faculty.washington.edu/charles/new%20PUBS/A77.pdf. 根據 Philip Shenon 的報導，一九九五年公布的越南官方估計死亡人數是三百一十萬（一百一十萬名軍人，兩百萬名平民）, "20 Years after Victory, Vietnamese Communists Ponder How to Celebrate,"

New York Times, April 23, 1995, www.nytimes.com/1995/04/23/world/20-years-after-victory-vietnamese-communists-ponder-how-to-celebrate.html.

20. Theodore H. Draper, "The True History of the Gulf War," *New York Review of Books,* January 30, 1992, www.nybooks.com/articles/1992/01/30/the-true-history-of-the-gulf-war.

21. Joseph Stiglitz and Linda Bilmes, *The Three Trillion Dollar War* (New York: W. W. Norton, 2008).

22. A. Hagopian, A. D. Flaxman, T. K. Takaro, A. I. Esa, S. A. Shatari, J. Rajaratnam, S. Becker, et al., "Mortality in Iraq Associated with the 2003–2011 War and Occupation: Findings from a National Cluster Sample Survey by the University Collaborative Iraq Mortality Study," *PLOS Medicine* 10, no. 10 (2013): e1001533, http://journals.plos.org/plosmedicine/article?id=10.1371/journal.pmed.1001533.

23. American Civil Liberties Union, "Al-Aulaqi V. Panetta—Constitutional Challenge to Killing of Three U.S. Citizens," June 4, 2014, www.aclu.org/cases/al-aulaqi-v-panetta-constitutional-challenge-killing-three-us-citizens.

24. Jeremy Scahill, "The Assassination Complex," *The Intercept,* October 15, 2015, https://theintercept.com/drone-papers/the-assassination-complex.

25. Micah Zenko, *Reforming U.S. Drone Strike Policies* (New York: Council on Foreign Relations, January 2013), www.cfr.org/report/reforming-us-drone-strike-policies.

26. 對政治人物來說，授權軍事行動往往是一種去人性化的經驗。很少國家的民選官員在武裝部隊中服役，參與過軍事行動的民選官員又更少了。不過，情況並非總是如此。從一九四五到一九七九年，每位美國總統都服過兵役。自一九八〇年雷根當選美國總統以來，唯一有作戰經驗的總司令是老布希。這種轉變反映了美國軍隊從徵兵轉為募兵的廣泛變化，也反映了徵召來支持美國參加世界大戰的世代已經凋零。

這種缺乏直接軍事經驗的現象，也反映在民選官員的家庭中。在二〇〇三年準備出兵伊拉克的階段，只有一位美國參議員有一個孩子從軍。參議員與眾議員的子女一般不會在軍隊服役，中上階層與上流社會的子女也很少從軍。因此，最有可能影響外交政策的人反而最遠離士兵所面臨的現實。

. 從政治人物的角度來看，這些死亡的軍人大多默默無名，因此在政策制定者的眼中，那些軍人的生命價值比不上那些他能輕易認同的人。想像一個潛在的戰爭場景，總統知道每一個可能喪生的軍人名字與面孔。如果在做出開戰決定後，國會與總統不久就必須為了那個決定導致軍人死亡，而親自向軍人及其眷屬道歉，那該怎麼辦？戰爭還會發生嗎？

27. Eric Schmitt and Charlie Savage, "Bowe Bergdahl, American Soldier, Freed by Taliban in Prisoner Trade," *New York Times,* May 31, 2014, www.nytimes.com/2014/06/01/us/bowe-bergdahl-americansoldier-is-freed-by-taliban.html.

28. Michael Ames, "What the Army Doesn't Want You to Know about Bowe Bergdahl," *Newsweek,* January 27, 2016, www.newsweek.com/2016/02/05/serial-bowe-bergdahl-mystery-pow-419962.html.

29. Ben Quinn, "Gilad Shalit Freed in Exchange for Palestinian Prisoners," *Guardian,* October 18, 2011, www.theguardian.com/world/2011/oct/18/gilad-shalit-palestine-prisoners-freed; Ethan Bronner, "Israel and Hamas Agree to Swap Prisoners for Soldier," *New York Times,* October 10, 2017, www.nytimes.com/2011/10/12/

world/middleeast/possible-deal-near-to-free-captive-israeli-soldier.html.

30. Centers for Disease Control and Prevention, "2014 Ebola Outbreak in West Africa Epidemic Curves," last reviewed April 3, 2019, www.cdc.gov/vhf/ebola/outbreaks/2014-west-africa/cumulative-cases-graphs.html.

31. World Health Organization, "Ebola Situation Reports," accessed October 10, 2019, http://apps.who.int/ebola/ebola-situation-reports.

32. Google 搜尋趨勢顯示，從二〇一四年七月的最後一週開始，搜尋伊波拉病毒的美國人大增。

33. 國際旅遊業的資料顯示，伊波拉疫情最嚴重的國家（獅子山、賴比瑞亞、幾內亞）每年公布的外國遊客人數不到二十萬人。World Bank, "International Tourism, Number of Arrivals," accessed October 10, 2019, http://data.worldbank.org/indicator/ST.INT.ARVL.

34. *RTÉ News,* "Paris Attacks Death Toll Rises to 130," November 20, 2015, www.rte.ie/news/2015/1120/747897-paris.

35. U.S. Department of Commerce, International Trade Administration, "Profile of U.S. Resident Travelers Visiting Overseas Destinations: 2014 Outbound," accessed October 10, 2019, http://travel.trade.gov/outreachpages/download_data_table/2014_Outbound_Profile.pdf

36. Liz O'Connor, Gus Lubin, and Dina Spector, "The Largest Ancestry Groups in the United States," *Business Insider,* August 13, 2013, www.businessinsider.com/largest-ethnic-groups-in-america-2013-8.

37. 這種同理心和反應減弱的部分原因，可能與緬甸目前的政府對國際社會的態度有關。

38. Maria Konnikova, "The Limits of Friendship," *New Yorker,* October 7, 2014, www.newyorker.com/science/maria-konnikova/social-media-

affect-math-dunbar-number-friendships.

39. Kaggle 公司的鐵達尼號機器學習競賽的最佳解方，把這幾項列為倖存者的預測建模中最重要的變數，參見 Kaggle, "Titanic: Machine Learning from Disaster," accessed October 10, 2019, www.kaggle.com/c/titanic.

40. Titanic Facts, "Titanic Survivors," accessed October 10, 2019, www.titanicfacts.net/titanic-survivors.html.

41. Amos Tversky and Daniel Kahneman, "The Framing of Decisions and the Psychology of Choice," *Science,* n.s., 211, no. 4481 (January 1981): 453–58, http://psych.hanover.edu/classes/cognition/papers/tversky81.pdf.

42. Kahneman and Tversky, "Prospect Theory."

43. Paul Slovic, Melissa Finucane, Ellen Peters, and Donald G. MacGregor, "The Affect Heuristic," in *Heuristics and Biases: The Psychology of Intuitive Judgement,* ed. Thomas Gilovich, Dale W. Griffin, and Daniel Kahneman, 397–420 (Cambridge: CambridgeUniversity Press, 2002), 408.

44. William H. Desvousges, F. Reed Johnson, Richard W. Dunford, Sara P. Hudson, K. Nicole Wilson, and Kevin J. Boyle, "Measuring Natural Resource Damages with Contingent Valuation: Tests of Validity and Reliability," in *Contingent Valuation: A Critical Assessment,* ed. Jerry A. Hausman (Amsterdam: North-Holland, 1993), 91–114, www.emeraldinsight.com/doi/pdfplus/10.1108/S0573–8555(1993)0000220006.

45. W. Kip Viscusi, *Pricing Lives* (Princeton: Princeton University Press, 2018), 56.

46. Kendra Cherry, "How the Availability Heuristic Affects Decision

Making," Verywell Mind, last updated September 5, 2019, http://psychology.about.com/od/aindex/g/availability-heuristic.htm.

47. Steven Pinker, *The Better Angels of Our Nature: Why Violence Has Declined* (New York: Penguin Books, 2012).

48. Philippa Foot, *The Problem of Abortion and the Doctrine of the Double Effect in Virtues and Vices* (Oxford: Basil Blackwell, 1978).

49. April Bleske-Rechek, Lyndsay A. Nelson, Jonathan P. Baker, Mark W. Remiker, and Sarah J. Brandt, "Evolution and the Trolley Problem: People Save Five over One Unless the One Is Young, Genetically Related, or a Romantic Partner," *Journal of Social, Evolutionary, and Cultural Psychology* 4, no. 3 (September 2010): 115–27 www.bleske-rechek.com/April%20Website%20Files/BleskeRechek%20et%20al.%202010%20JSEC%20Trolley%20Problem.pdf

第十章　接下來呢？

1. Isaiah Berlin Virtual Library, "Quotations from Isaiah Berlin," accessed October 10, 2019, http://berlin.wolf.ox.ac.uk/lists/quotations/quotations_from_ib.html; Nicholas Kristof, "Mizzou, Yale and Free Speech," *New York Times,* November 11, 2015, www.nytimes.com/2015/11/12/opinion/mizzou-yale-and-free-speech.html.

2. Frank Ackerman and Lisa Heinzerling, *Priceless: On Knowing the Price of Everything and the Value of Nothing* (New York: New Press, 2005).

3. Mark Zuckerberg, "A Letter to Our Daughter," December 1, 2015, www.facebook.com/notes/mark-zuckerberg/a-letter-to-ourdaughter/10153375081581634.

4. Bill and Melinda Gates Foundation, "Who We Are," accessed January

8, 2019, www.gatesfoundation.org/Who-We-Are.

5. Howard Friedman, *Measure of a Nation* (New York: Prometheus Press, 2012).
6. United Nations General Assembly, Universal Declaration of Human Rights, December 10, 1948, www.un.org/en/universal-declaration-human-rights.
7. World Bank, “Forty Years Later: The Extraordinary River Blindness Partnership Sets Its Sights on New Goals,” July 3, 2014, www.worldbank.org/en/news/feature/2014/07/03/forty-years-later-the-extraordinary-river-blindness-partnership-sets-its-sights-on-new-goals.
8. Bjorn Thylefors, “Onchocerciasis: Impact of Interventions,” *Community Eye Health* 14, no. 38 (2001): 17–19, www.ncbi.nlm.nih.gov/pmc/articles/PMC1705922.